Du CM2 à la 6e

10-11 ans

Léna Rêve d'étoile

W0369183

Sophie Adriansen
autrice

Christelle Chambon
professeure des écoles

Bénédicte Colin
professeure des écoles

Nathan

Présentation

➜ **Je lis un récit d'aventures entrecoupé d'exercices de :**
français, maths, histoire, géographie, sciences.

➜ **Je résous des exercices :**
qui permettent de reconstituer l'histoire.

➜ **Je vérifie ma réponse :**
- elle est juste ➜ j'accède à la suite de l'histoire ;
- elle est fausse ➜ le corrigé me guide pour refaire l'exercice.

➜ **Je consulte le mémo en fin d'ouvrage,**
il m'explique la notion abordée dans l'exercice.

➜ **Je regarde la table des matières (p. 187-190)**
pour connaitre tous les points du programme abordés dans les exercices.

➜ **Je note les indices (p. 185-186),**
un par chapitre, ils prouvent que l'enquête avance et que l'histoire est bien comprise.

Maquette intérieure : Julie Lannes
Composition : LINÉALE

Avec la participation de Hulu, The Walt Disney Company (France et Italie), Australian Broadcasting Corporation et France Télévisions. En coproduction avec Be-FILMS. En association avec Umedia et Ufund. Avec le soutien du Tax Shelter du gouvernement fédéral de Belgique et des investisseurs Tax Shelter. Avec la participation du CNC. Cofinancé par le programme Europe creative de l'Union européenne.
Bible littéraire « Léna Rêve d'étoile » de Jill Girling et Lori Mather.
Réalisé par Randall Thorne et Matt Bloom.
Adapté de la saison 1, script original de Jill Girling et Lori Mather.

Les personnages principaux

Léna, née pour danser

Léna, Héléna Grisky de son vrai nom, est une princesse russe. Elle vit en 1905. Envoyée à Paris par ses parents qui souhaitent qu'elle apprenne l'élégance et la grâce à l'École de Danse de l'Opéra national de Paris, elle se découvre une passion pour la danse. Mais à cause du pendentif que lui a offert son petit ami Henri, elle se retrouve propulsée, à son insu, dans le groupe des élèves danseurs plus d'un siècle plus tard.

Henri, éternel amoureux

Le petit ami de Léna appartient à une famille qui voyage dans le temps depuis plusieurs générations. Mais Henri le découvrira malgré lui, lorsqu'il enverra sans le vouloir Léna dans le futur en lui offrant ce qu'il croit n'être qu'un simple pendentif.

Max, le mystérieux partenaire

Le passé de Maximus Alvarez est entouré de mystère : il semble qu'il n'ait suivi aucun cours de danse classique auparavant. Ses parents seraient morts dans un accident, lui laissant un important héritage. Petit ami de Théa, c'est aussi lui qui gère le Blok, le groupe secret de hip-hop.

Inès, la fidèle camarade

Moitié anglaise, moitié américaine, Inès Le Breton, passionnée de maths et très indépendante, est la camarade de chambre de Léna, et aussi sa meilleure amie.

Théa, la rivale

Dorothéa Raphael a remporté Dance Off, une célèbre émission de danse. Très populaire, Théa est suivie par de nombreux fans sur les réseaux sociaux. Sa mère, extrêmement autoritaire, a raté sa carrière de ballerine et reporte ses espoirs sur sa fille.

Jeff, le *street dancer*

Jeffrey Chase est arrivé à l'École un peu par hasard, en perdant un pari, et préfère le hip-hop à la danse classique. Il est un allié précieux pour Léna.

Dash, le passionné

Dash Khan danse pour Inès : le plus petit des danseurs en taille est fou amoureux de la jolie brune… et il aimerait que les professeurs lui prêtent davantage d'attention.

Les Collecteurs de Temps

Portant des habits étranges, Pinky, Clive et Frank, les Collecteurs de Temps, traversent les époques et sont prêts à tout pour retrouver Léna et lui voler son collier magique.

1. Rendez-vous à l'Opéra

Épisodes 1 à 13

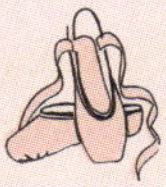

L'histoire

Max, Inès, Théa, Jeff et Dash font partie de la nouvelle promotion de la prestigieuse École de Danse de l'Opéra national de Paris, dirigée par l'exigeante Mademoiselle Carré. Léna, arrivant de 1905 à cause d'un pendentif qui permet de voyager dans le temps, atterrit parmi eux.

Elle veut retourner à son époque, où l'attend Henri, son petit ami. Mais on ne voyage pas n'importe comment à travers les âges, et les Collecteurs de Temps sont à ses trousses. Il va lui falloir s'intégrer à la vie moderne en attendant qu'Henri réussisse à venir la chercher. Ce qui signifie cacher d'où elle vient... et danser en satisfaisant les exigences de la directrice.

1

Les voyageurs du temps

1

1905

Sur la scène du Palais Garnier, Léna, princesse russe, danse. Elle porte au cou le magnifique pendentif que vient de lui offrir Henri, son petit ami. Elle est heureuse : elle est promise à un bel avenir de Danseuse Étoile et a tout l'amour d'Henri. Ses parents sont aux premières loges. Soudain : coup de théâtre ! Aussitôt le spectacle terminé, sa mère ordonne à Léna de faire ses bagages :

– Nous rentrons en Russie dès ce soir. Tu couvres de honte notre famille en fréquentant un moins-que-rien. C'est terminé. Plus de danse classique.

En une phrase, la vie de Léna bascule. Être princesse,

elle s'en moque, mais la danse... Sa décision est prise : elle n'obéira pas. Elle propose à Henri de s'enfuir avec elle. C'est de la folie, mais Léna est déterminée.

Sa mère aussi : les gardes se lancent à leur poursuite dans les coulisses du Palais Garnier. Pour leur échapper, Léna s'engouffre dans un portail qui se referme sur elle. Sur ses talons, Henri panique :

– Qu'est-ce que tu fais ? s'écrie-t-il en tirant sur les battants.

La porte s'ouvre, révélant un mur de briques. Léna a disparu.

De nos jours

Paniquée, Léna se retrouve au milieu d'un groupe de danseurs qui l'entrainent jusqu'à la scène.

– L'École de Danse de l'Opéra national de Paris a le plaisir de vous présenter les élèves de la promotion 2018, annonce une voix au micro.

En entendant l'année, Léna s'évanouit. Elle a changé de siècle ! Lorsqu'elle revient à elle, un professeur lui demande son nom.

– Léna...

– Vous êtes Elena Grandé, l'Italienne ? Vous deviez arriver dans quelques jours…

Léna va-t-elle se faire passer pour une autre ?

Pour l'apprendre, réponds à cette question.

Pour venir de Russie, Léna et ses parents ont fait un long voyage en train. De nos jours, quel moyen de transport est le plus utilisé pour les longs trajets dans le monde ?

A	V	I	O	N

Pour connaitre la réponse → Va au n° 10.

mémo 17

2

Faux ! C'est une phrase simple. Relis le mémo.

→ Recommence l'exercice du n° 14 .

3

Tu t'es trompé(e), tu as encadré le nombre au milliard près. Relis le mémo.

→ Recommence l'exercice du n° 6.

4

De nos jours

La soirée a lieu sur le toit d'un immeuble. « Si on est choisies, on sera enfin prises au sérieux » a précisé Inès. Alors, **quand Théa veut la défier, Léna s'élance sans réfléchir.** Sa danse ne ressemble en rien au hip-hop. Elle porte sa robe préférée, parfaite en 1905 mais pas du tout adaptée pour la circonstance. Elle se ridiculise devant tout le monde... Inès éprouve de la compassion pour son amie.

Le lendemain matin, Jeff, Dash, Théa et d'autres reçoivent les cartes signifiant qu'ils sont sélectionnés pour intégrer le Blok. La prestation lamentable de Léna a été filmée et la vidéo circule. Une élève la montre à Léna... Quelle honte ! Léna veut se réfugier dans sa chambre. Mais son regard est attiré par une télévision qui diffuse justement un clip de hip-hop...

– Je dois m'intégrer ! annonce-t-elle à Inès. Et je vais avoir besoin de toi.

– Ok.

Inès lui prête des vêtements, une casquette... Quand elle retourne au studio, Léna est métamorphosée.

– Tu n'as plus qu'à nous montrer ce que tu sais faire ! lance Jeff.

Léna se remémore les mouvements vus dans le clip. Sa façon de danser le hip-hop est géniale ! Ses camarades sont impressionnés. Lorsque Léna s'arrête, Max lui lance une carte : elle est admise au Blok !

Mais il est temps de démarrer les répétitions. La directrice veille. Alors que l'atelier commence, une danseuse entre en courant :

– Désolée, je suis en retard. Je m'appelle Elena Grandé.

Léna va-t-elle devoir tout révéler ?

Pour le savoir, trouve la réponse à cette question.

Dans la phrase « [...] quand Théa veut la défier, Léna s'élance sans réfléchir », « la » est un article défini.

Vrai ou faux ?

a. Vrai

b. Faux

car pas placé devant un nom

Si tu as choisi a. → Va au n° 8.

Si tu as choisi b. → Va au n° 15.

mémo 2

5

Tu t'es trompé(e), ce sont des kilomètres. Relis le mémo.

→ Recommence l'exercice du n° 11 .

6 De nos jours

La directrice exige des explications. Léna bafouille... Que pourrait-elle inventer ?

– Excusez-moi de vous interrompre mais j'ai quelques papiers pour Héléna Grisky... déclare alors un homme en entrant dans la salle.

Ouf ! Victor, le père d'Henri, vient de sauver Léna...

1905

Henri a mis la main sur le journal des voyages dans le temps de sa famille. Il y est indiqué comment se débarrasser des Collecteurs... Henri décide de leur tendre un piège afin qu'ils le conduisent dans l'époque où est Léna pour la ramener lui-même.

De nos jours

Victor se présente comme le tuteur de Léna. Il insiste sur son talent et persuade la directrice de ne pas la renvoyer. De leur côté, les élèves font des recherches avec le nom d'« Héléna Grisky ». Ils découvrent que c'est... une princesse !

– Impossible que ce soit elle, fait remarquer Théa. L'image date de 1905.

Lorsque Léna les rejoint, elle passe pour une menteuse auprès de ses camarades.

– Rangez vos téléphones, ordonne la directrice en revenant dans le studio. Léna, reprenez votre place. Vous allez créer tous ensemble une chorégraphie qui parlera de vous et de vos vies...

Les élèves s'entrainent. Dès la pause, ils se retrouvent à la cafétéria et bombardent Léna de questions. Son passé, sa famille... le groupe veut tout savoir.

– Laissez-la tranquille ! finit par lâcher Max, qui voit bien que Léna est gênée.

De son côté, Inès poursuit ses recherches. Elle vient de trouver une information surprenante : Héléna Grisky aurait mystérieusement disparu en 1905 au Palais Garnier...

Inès va-t-elle comprendre d'où vient véritablement Léna ?

Pour le savoir, encadre ce nombre en complétant le tableau.

Nombre qui précède arrondi au million	Nombre donné	Nombre qui suit arrondi au million
	19 640 235 018	

a. 19 640 235 000 / 19 640 236 000

b. 19 000 000 000 / 20 000 000 000

c. 19 640 000 000 / 19 641 000 000

Si tu as choisi a. → Lis le n° 16.

Si tu as choisi b. → Lis le n° 3.

Si tu as choisi c. → Lis le n° 13.

mémo 9

7

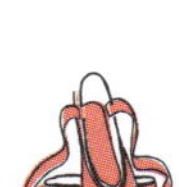

Bravo ! Tu as trouvé la bonne distance.

→ Va au n° 4 .

8

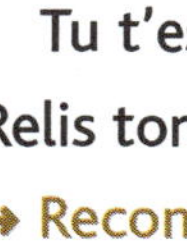

Tu t'es trompé(e), « la » n'est pas placé devant un nom. Relis ton mémo.

→ Recommence l'exercice du n° 4 .

9

Tu t'es trompé(e), c'est une phrase exclamative avec un seul verbe. Relis bien le mémo.

→ Refais l'exercice du n° **14**.

10

Il s'agit de l'avion. Si tu l'as trouvé, bravo !

Maintenant → Lis la suite au n° **14**.

11

De nos jours

L'idée d'Henri a fonctionné. Léna a trouvé la lettre dans la cheminée : « Léna, ma famille a un secret. Nous sommes des voyageurs du temps. Et désormais, grâce

au pendentif que je t'ai offert, toi aussi… Protège-le à tout prix et méfie-toi des Collecteurs de Temps. Ils sont surement déjà à ta poursuite. Et moi, je vais te retrouver, je te le promets. »

Au studio, Léna danse, encore bouleversée par la lettre d'Henri. Soudain, elle vacille. Dans le miroir, trois silhouettes : les Collecteurs de Temps ! Mais ils ne peuvent agir que si Léna est seule. Ils s'enfuient.

Le cours se termine et Léna peut prendre le temps de découvrir son environnement. Inès lui fait visiter les lieux et Léna s'émerveille de tout. Inès lui explique que même si l'École où elles vont répéter n'est pas située dans l'enceinte du Palais Garnier, elles s'y rendront régulièrement. Léna est rassurée. Elle va pouvoir continuer à communiquer avec Henri.

Pendant que Léna découvre l'École, des élèves reçoivent un texto : « Danse si tu l'oses ! » Il s'agit d'une invitation pour les auditions du Blok, un groupe de danse secret qui détermine la popularité de chacun pour l'année. Ce groupe est la seule occasion de faire du hip-hop et de la *street dance*.

– C'est la soirée du siècle ! bondit Inès en recevant son invitation. Tu t'y connais en hip-hop ?

Léna reste muette. Elle n'est pas invitée... mais surtout, elle ne sait même pas ce qu'est le hip-hop.

– Tu vas m'accompagner, décide Inès.

Comment Léna, arrivant de 1905, pourrait-elle danser le hip-hop ?

Tu le sauras très vite en résolvant ce problème.
Léna et Inès sont parties visiter l'École de Danse de l'Opéra national de Paris puis le Palais Garnier : 13,5 km séparent les deux lieux. Combien de décamètres ont-elles parcourus aller-retour ?

a. 27

b. 2 700

c. 27 000

Si tu as choisi a. → Lis le n° 5.

Si tu as choisi b. → Lis le n° 7.

Si tu as choisi c. → Lis le n° 12.

mémo 13

12 

Faux, ce n'est pas la bonne réponse. Utilise le tableau de conversion du mémo.

→ Recommence l'exercice du n° 11 .

13 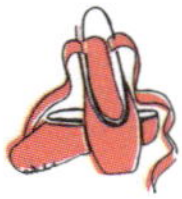

Bravo ! C'est la bonne réponse.

→ Va au n° 18 pour lire la suite.

14

1905

Victor, le père d'Henri, a rejoint son fils devant le mur de briques. Il le traine jusqu'à son bureau et l'oblige à tout lui raconter.

– Tu as envoyé Léna dans les couloirs du temps ! soupire Victor. J'attendais que tu sois plus âgé pour t'en parler... Notre famille voyage dans le temps depuis des siècles. Mais il y a des règles à suivre, et tu les as enfreintes. Je vais chercher Léna. Toi, tu restes ici.

De nos jours

Les danseurs préparent les sélections pour l'atelier de Mademoiselle Carré, la directrice de l'École de Danse de l'Opéra national de Paris. Léna a dû suivre le groupe. Elle repère un beau brun, Max. Celui-ci la retient alors qu'elle manque de tomber de nouveau. Il y a aussi Théa, Jeff, Dash et Inès. Inès a rapidement pris Léna sous son aile. Elles vont partager la même chambre.

– Si vous n'êtes pas prêts à laisser un morceau de votre âme sur scène, vous n'êtes pas à votre place ici, prévient la directrice. Cet atelier est un honneur et un privilège.

Quelle pression ! Léna est perdue : la façon de danser de Jeff, le comportement des autres danseuses, l'hostilité de Théa qui la prend tout de suite pour une rivale… rien ne ressemble à la vie qu'elle menait en 1905.

– Je ne suis pas à ma place ici, avoue-t-elle à Inès.

– Ne t'inquiète pas, je vais t'aider !

1905

Le père d'Henri fait une dernière recommandation à son fils :

– Prends garde aux Collecteurs de Temps. Vous avez ouvert un portail, ils vont vouloir vous retrouver, Léna et toi. Évite-les à tout prix.

Il remonte le mécanisme d'une montre et disparait par la même porte que la jeune danseuse. Henri se demande comment communiquer avec Léna. Il a une idée. Léna et lui avaient l'habitude de se laisser des petits cadeaux qu'ils glissaient dans la cheminée, sur le toit du Palais Garnier. Henri espère que Léna s'en souviendra et lui écrit une lettre qu'il dépose dans la cheminée.

Henri va-t-il réussir à prévenir Léna du danger qui la guette ?

Tu le sauras après un peu de grammaire.
Parmi ces phrases, trouve la phrase complexe :

a. Tu as envoyé Léna dans les couloirs du temps !
b. Ne t'inquiète pas, je vais t'aider !
c. Elle repère un beau brun, Max.

Si tu as choisi a. → Lis le n° 9.
Si tu as choisi b. → Lis le n° 17.
Si tu as choisi c. → Lis le n° 2.

mémo 1

15

Bravo ! Tu as trouvé la bonne réponse.

→ Va au n° 6.

16

Faux, tu as encadré le nombre au millier près. Relis ton mémo.

→ Retourne à l'exercice du n° 6.

17

Bravo ! Tu as trouvé la bonne réponse.

→ Va au n° 11.

18

De nos jours

Le père d'Henri a apporté à Léna de nouveaux vêtements et un portable afin qu'elle se fasse moins remarquer. Inès la rejoint dans sa chambre :

– Dis-moi la vérité maintenant. Tu es qui ?

Inès tient à la main une carte postale signée d'Henri. Elle vient de la trouver collée sur la porte. La carte donne rendez-vous à Léna à l'extérieur... Léna se précipite dehors et voit Henri devant l'École, attaché à un banc par les Collecteurs de Temps. Ceux-ci accourent, mais Henri a le temps de crier :

– Léna, c'est un piège ! Sauve-toi, je t'ai écrit, c'est dans la cheminée !

Léna se réfugie dans l'École, juste à temps. Cette fois, Inès exige de Léna qu'elle lui raconte son histoire. Aussi incroyable que cela paraisse, Inès croit Léna car elle a aperçu Henri et les Collecteurs de Temps, et Léna lui a montré le pendentif. Elle réalise qu'elle est donc la camarade de chambre d'une fille qui a voyagé dans le temps !

– On va trouver un plan pour que tu montes sur le toit du Palais Garnier sans que la directrice le sache, lui promet Inès.

Elles le mettent à exécution le lendemain : en plein cours, Léna feint d'être malade. La directrice demande à Inès de la conduire à l'infirmerie. Léna en profite pour quitter l'École et rejoindre le Palais Garnier.

Dans la soirée, les élèves de l'atelier entrent en scène. Léna arrive in extremis. Elle a revu Henri et trouvé ses instructions pour se débarrasser des Collecteurs de Temps. Mais en appuyant sur le bouton de son pendentif, Léna a renvoyé Henri dans une autre époque et son père et les Collecteurs... en 1905.

Henri reviendra-t-il chercher Léna ?

Avant de le découvrir, réponds à cette question.

En appuyant sur le bouton du pendentif, qui Léna a-t-elle renvoyé dans le passé ?

- Henri, son père et les Collecteurs de Temps
- Henri, Inès et les Collecteurs de Temps

Recopie ta réponse :

Henri, son père et les Collecteurs de Temps

C'est ton PREMIER INDICE. N'oublie pas de le noter sur ta page-indices, p. 185.

Maintenant → Lis vite la suite au chapitre 2 !

2

Pas de deux

1

De nos jours

Le jour vient seulement de se lever, mais Léna est déjà en tenue, et elle danse... sur le toit du Palais Garnier. Partie à sa recherche, Inès est surprise de la voir tournoyer.

– Qu'est-ce que tu fabriques ?

– Je panique... Et quand je panique, je danse. Ça m'aide à *décomprimer*.

– Décompresser, corrige Inès. Écoute, je viens d'avoir une idée ! On devrait faire un journal vidéo sur ta vie ici. Pour expliquer au monde entier ce que ça fait d'être une ballerine qui voyage dans le temps.

Partante, Léna se prête au jeu sur-le-champ.

Elle ignore que pendant ce temps, Henri a surgi dans un studio du Palais Garnier, mais... un an trop tôt !

Pour Léna, les choses sérieuses ont démarré : cours d'algèbre, de littérature, de pliés, de répertoire...

En 1905, les filles n'ont pas le droit de faire des mathématiques. Léna est ravie, et tout l'intéresse. Elle n'oublie pas de filmer certains moments pour son journal vidéo. Le rythme est soutenu, mais pas de répit : c'est l'heure du cours de pas de deux. Étienne, le professeur, annonce le programme :

– Vous allez créer une chorégraphie qui vous permettra d'échanger deux par deux.

Il forme les duos : Jeff et Théa, Inès et Dash, Léna et Max. Tous se mettent aussitôt au travail. Mais entre Max et Léna, ça ne fonctionne pas : chaque fois que Max se rapproche, Léna s'éloigne, le jugeant mal élevé.

Leur chorégraphie s'annonce catastrophique, et le professeur est furieux...

– Léna, je crois qu'il faut qu'on ait une vraie discussion tous les deux, déclare Max.

Léna saura-t-elle s'adapter aux usages de sa nouvelle époque, et rester à l'École ?

Pour le découvrir, trouve le mot mystère...

Quand Léna diffusera le journal vidéo sur sa vie, elle utilisera le réseau internet. Les informations circuleront entre les continents grâce à des... ?

S	A	T	E	L	L	I	T	E	S

Pour connaitre la réponse → Va au n° 6.

mémo 18

2

Bravo ! C'est la bonne réponse.

Maintenant → lis la suite au chapitre 3 !

3

Tu t'es trompé(e), c'est le périmètre. Relis ton mémo.

→ Recommence l'exercice du n° 7.

4

De nos jours

Léna était partie faire les magasins ! Lorsqu'elle rejoint Jeff, elle ressemble à une fille d'aujourd'hui. Complices, ils regagnent l'École. Le cours a déjà commencé. Pour

leur retard, Étienne leur donne à chacun un bulletin de retenue.

– Ne punissez pas Jeff, monsieur, supplie Léna. Tout est de ma faute.

Le professeur accepte de lever la punition de Jeff. Il est temps pour Léna de danser. Elle met en scène son changement de garde-robe… C'est réussi.

1905

Henri a utilisé la montre magique trouvée dans l'atelier d'Oscar. Le voilà de retour dans les coulisses du Palais Garnier, mais… en 1905 ! Il court à l'atelier. Oscar

s'y trouve. Mais celui-ci ne le reconnait pas. Henri fait le récit de ses allers et retours :

– Donc, au lieu d'aller vers le futur, tu as ricoché vers le passé ? réalise le secrétaire des voyages temporels. Alors, en offrant ce pendentif à ton amie, tu l'as enfermée dans une bulle temporelle... Personne ne peut plus l'atteindre. Tu as créé une faille temporelle !

De nos jours

Léna effectue son heure de punition. Depuis le couloir, Jeff lui montre les pas pour la répétition du Blok. Léna les reproduit sous le bureau, à l'abri du regard de son surveillant.

La punition terminée, Jeff guide Léna dans les souterrains du Palais Garnier : c'est l'heure du Blok ! À peine éclairés, les murs de pierre sont inquiétants. Les danseurs sont là, des bandes phosphorescentes sur leurs vêtements et des gants blancs aux mains. La musique démarre... Quelle ambiance ! Léna adore. Son jupon blanc réfléchit la lumière. Tout le monde s'amuse.

– On devrait montrer ça à des professionnels du hiphop ! déclare Théa à Max en visionnant la séquence, filmée avec son téléphone portable. On ferait un énorme buzz...

– Ce n'est pas le but, rappelle Max. Le Blok, c'est juste pour nous.

Mais Théa n'est pas de cet avis. Elle clique et envoie la vidéo...

Théa vient-elle de trahir le secret de leur groupe de danse ?

Pour pouvoir continuer l'histoire, réponds à cette question.

À quel temps cette phrase est-elle conjuguée ?

« Léna était partie faire les magasins ! »

a. Au passé composé

(b) Au plus-que-parfait

c. Au passé simple

Si tu as choisi a. → Lis le n° 8.

Si tu as choisi b. → Lis le n° 2.

Si tu as choisi c. → Lis le n° 5.

mémo 5

5

Faux, ce n'est pas le passé simple. Relis ton mémo.

→ Recommence l'exercice du n° 4.

6

Si tu as trouvé le mot « satellites », c'est la bonne réponse. Bravo !

→ Va au n° 10 pour lire la suite.

7

De nos jours

Léna ne cesse de penser à Henri. Mais, grâce aux efforts qu'elle fait pour s'intégrer et au soutien de ses camarades, son quotidien est de plus en plus agréable. Max la met en confiance, Inès la comprend... Quant à Jeff, il a décidé de l'aider. Il est en train de lui montrer de nouveaux mouvements de hip-hop lorsqu'il reçoit un message. Il prévient Léna :

– Répèt' pour le Blok à 19 h. Tu te sens prête ?

– Je vais triompher au Blok, ce soir ! répond Léna.

Même si elle s'habitue de mieux en mieux à cette nouvelle époque, elle ne peut s'empêcher de penser à Henri, sans se douter que celui-ci, dans l'atelier d'horloger, a mis la main sur un manuel de voyage temporel, et surtout une montre magique, dont Oscar lui a affirmé qu'elle permettait de voyager dans le temps même quand les portails sont fermés...

En cours de dessin, Jeff fait le portrait de Léna. Chaque élève va devoir danser selon la façon dont il est vu par l'autre. Léna découvre que Jeff la perçoit comme une fille démodée.

– Il faut que je sois « cool », décide-t-elle. Et si on sortait ? propose-t-elle à Jeff. On pourrait répéter dans le vrai monde...

L'idée est bonne. Jeff entraine Léna dans Paris. Pour commencer : le parvis de la cathédrale Notre-Dame.

Jeff et Léna improvisent une chorégraphie. Jeff est interrompu par un message d'Inès : les cours reprennent, il faut retourner à l'École. Mais lorsque Jeff lève les yeux de son écran, Léna a disparu dans la foule...

Où est passée Léna ?

Avant de continuer, un peu de géométrie.
Calcule l'aire du parvis de la cathédrale Notre-Dame. Cette place rectangulaire mesure 135 m de longueur sur 100 m de largeur.

a. 470 m → **Lis le n° 3.**
b. 13 500 m² → **Lis le n° 9.**

mémo 15

8

Attention, tu t'es trompé(e). Regarde bien le temps de l'auxiliaire « être ».

→ Retourne à l'exercice du n° 4.

9

C'est la bonne réponse.

→ Va au n° 4.

10

De nos jours

Max propose à Léna qu'ils répètent à l'écart des autres.

– On doit travailler ensemble. On ne nous laisse pas le choix... explique-t-il.

– J'ai peur de ne pas y arriver, avoue Léna.

Ses pensées sont accaparées par Henri qui, avec un an d'avance sur l'époque où se trouve Léna, a découvert un mystérieux atelier d'horloger. Le propriétaire des lieux, Oscar, a appris à Henri qu'il était recherché pour avoir causé des failles temporelles après avoir volé un pendentif...

Max et Léna se sont isolés dans la salle de répétition.

– Laisse-toi guider, conseille Max. Il faut que tu dépasses tes peurs... Fais-moi confiance.

Réalisant que Max l'apprécie, contrairement à ce qu'elle croyait, Léna se détend enfin. Alors qu'ils reprennent leur chorégraphie depuis le début, ils se rendent compte qu'Étienne les observe. Celui-ci leur demande de continuer et finit par rendre son verdict.

– Pas trop mal. C'est bon.

Ce qui, dans son langage, signifie que c'est vraiment bien. Max sourit à Léna :

– Tu vois ? Tu peux le faire !

Les progrès de Léna suffiront-ils à assurer son avenir de danseuse ?

Pour le découvrir, réponds à cette question.

Qui rend son verdict ?

Max Étienne Léna

Recopie ta réponse :

Étienne

Parfait ! C'est ton DEUXIÈME INDICE.

Note-le sur ta page-indices, p. 185.

Maintenant → Va au n° 7.

3 Le premier rôle

1

De nos jours

Danser, c'est aussi transmettre. À l'École, les danseuses doivent devenir les marraines d'élèves plus jeunes. Léna redoute qu'aucune petite fille ne veuille devenir sa filleule. Par ailleurs, Mademoiselle Carré, la directrice, ne cesse de souligner les progrès qu'elle doit encore faire en chorégraphie. Elle missionne Théa pour l'aider. Léna et Théa sont consternées. Travailler ensemble ? Elles n'en ont pas la moindre envie. Elles ignorent que Violette, l'une des petites danseuses, a tout entendu...

De son côté, Max a reçu un message sur son téléphone : c'est un défi pour le Blok, lancé par... un certain Paul G. Max hésite : le Blok doit rester secret, mais Paul G. est le meilleur chorégraphe de hip-hop du moment. Quand Jeff propose de l'accompagner, Max se laisse convaincre.

Ils se rendent dans un endroit confidentiel. Paul G. les accueille :

– J'ai peut-être une place pour toi dans mon *crew**, dit-il à Max.

Max se met à danser. Si Paul G. veut de lui, le Blok gagnera en crédibilité et ses membres pourront se mesurer à d'autres groupes prestigieux. Mais les danseurs se moquent de Max.

– Merci d'être passé, conclut Paul G.

Le message est clair : Max n'est pas assez bon.

1905

Les Collecteurs de Temps veulent récupérer la montre qu'Henri leur a volée quand ils l'ont attrapé. Ils sont à ses trousses, mais Henri trouve refuge dans le bureau de son père, Victor. Hélas, celui-ci ne parait pas content

* Bande/équipe.

de le voir :

– Si tu m'avais écouté, Léna ne serait pas bloquée dans le futur et il n'y aurait pas de problème, déclare-t-il. Je t'envoie en pension le temps de gérer ça.

Il termine à peine sa phrase que les Collecteurs font irruption...

– Vous resterez ici jusqu'à ce que je puisse vous amener au pensionnat où je pourrai enfin vous enfermer, annonce Victor en verrouillant la porte.

Les quatre garçons sont coincés.

De nos jours

Violette vient trouver Léna :

– Tu veux bien être ma marraine ? Je veux être avec la meilleure.

Folle de joie, Léna accepte. Puis Violette va héler Théa :

– Théa ! Tu veux bien être ma marraine ? Je veux être avec la meilleure.

Théa accepte elle aussi. Mais Léna et elle s'aperçoivent vite que Violette les a mises en compétition...

Violette va-t-elle déclencher une nouvelle guerre entre Théa et Léna ?

Réponds à cette question avant de le découvrir.
Les danseurs sont en compétition. La directrice Mademoiselle Carré note régulièrement chacun des danseurs.

Théa	Max	Léna	Jeff	Inès	Dash
16,6	15,9	16,2	14,3	15,5	14,8

Classe les danseurs de la meilleure note à la plus basse.

a. Théa – Léna – Max – Inès – Dash – Jeff
b. Inès – Jeff – Léna – Théa – Max – Dash

Si tu as choisi a. → Lis le n° 5.
Si tu as choisi b. → Lis le n° 9.

mémo 10

2

Bonne réponse ! Il s'agit de déterminants possessifs.

→ Va au n° 4.

3

Tu t'es trompé(e), observe bien la frise dans ton mémo.

→ Recommence l'exercice du n° 8.

4

De nos jours

Pas de répit pour les jeunes danseurs. Avant de partir, le professeur leur donne une nouvelle chorégraphie à mettre au point :

– Je veux que vous et votre partenaire parveniez à créer un mélange de classique et d'un autre style de danse. Soyez inventifs... Surprenez-moi !

Le weekend ne sera pas de tout repos !

Une fois dans leur chambre, Inès confirme à Léna que Max semble vraiment bien l'aimer. Léna décide de lui écrire une lettre pour que Max ne se fasse pas de fausses idées.

Le lendemain matin, elle est devant l'École, prête à la lui donner. Mais Max passe sans même remarquer Léna... Elle le suit.

Max se rend chez sa tante, Isabella, comme tous les samedis.

– Qu'est-ce que tu veux ? demande-t-il à Léna quand il la découvre.

– Euh... Je me suis dit qu'on pourrait répéter, improvise Léna.

Max la fait entrer. Ils se trouvent dans une auberge espagnole. Une belle femme brune portant une robe de danseuse de flamenco s'approche.

– Comment va mon magnifique neveu ? demande Isabella.

Pendant ce temps, à l'École, Dash montre à Inès les pas de danse Bollywood que lui a appris sa grand-mère. À l'auberge, Isabella dévisage Léna :

– Tu dois être Théa, la petite copine !

Max rétablit la vérité :

– Non, elle, c'est Léna. On doit travailler ensemble ce weekend, c'est tout.

– Pourquoi tu ne sors pas encore avec elle ? insiste la tante.

– Parce que Léna a déjà un petit ami. Henri. N'est-ce pas ?

Comment Léna va-t-elle réagir ?

Bien sûr, tu es pressé(e) de l'apprendre !
Mais avant, tu dois répondre à une petite question.
Qui apprend les pas de danse de Bollywood ?
Relis bien le paragraphe et trouve de qui il s'agit :

Dash et Inès   Max et Léna

Recopie ta réponse :

Dash et Inès

C'est ton TROISIÈME INDICE.
N'oublie pas de le noter sur ta page-indices, p. 185.
Maintenant → Va au n° 8.

5

Bravo ! Tu as classé les notes correctement.

→ Va au n° 15.

6

Faux, la pyramide n'a qu'une base. Relis ton mémo.

→ Recommence l'exercice n° 18.

7

Ce n'est pas la bonne définition.

→ Refais l'exercice du n° 15.

8

1905

Déterminé à construire le portail qui lui permettra de rejoindre Léna, Henri va trouver son père. Il a besoin de son aide ! Mais Victor affirme que c'est bien trop dangereux… et il enferme de nouveau Henri.

De nos jours

– Comment sais-tu pour Henri ? demande Léna.

Esquivant la réponse, Max déclare :

– Tu as cru que j'avais un faible pour toi ? Ne t'inquiète pas, on est juste amis.

Est-ce bien ce que Léna voulait entendre ? Sans lui laisser le temps d'y réfléchir, Max lui apprend les pas du

flamenco. Grâce aux conseils d'Isabella, leur chorégraphie prend forme...

Il est l'heure de rentrer à l'École. Une fois seule, Léna déchire la lettre écrite pour Max. Elle ne sait plus du tout où elle en est de ses sentiments...

1905

La porte du bureau de Victor s'ouvre. Le visage de Pinky apparait. Le Collecteur vient chercher Henri.

– Suis-moi ! ordonne-t-il. On a besoin de toi pour... une sorte de portail.

– Vous construisez un portail ? répète Henri.

C'est inespéré ! Il se laisse emmener sans résister.

De nos jours

Inès et Léna se racontent leur journée. Inès commence à apprécier Dash... Quant à Léna, elle n'ose avouer qu'elle est déçue que Max la considère juste comme une amie. Mais le lendemain, au studio, lorsqu'ils entament leur chorégraphie à base de flamenco, leur alchimie saute aux yeux de tous. Pour Théa, c'en est trop...

Quelle vengeance Théa va-t-elle préparer ?

Pour lire la suite de l'histoire, réponds à cette question.

Une partie de l'histoire se déroule en 1905.
Sous quel régime politique vivait-on en France à cette époque ?

a. un régime républicain → Lis le n° 13.

b. un régime totalitaire → Lis le n° 3.

mémo 16

9

Faux, tu as fait des erreurs dans le classement. Lis ton mémo.

→ Recommence l'exercice du n° 1.

10

Tu t'es trompé(e). Le pavé droit a des bases rectangulaires.

→ Retourne à l'exercice du n° 18.

11

Bravo ! Tu as trouvé le sens de cette expression.

→ Lis la suite au n° 18.

12

1905

Oscar est formel : le schéma est celui d'un portail qui permet de voyager même quand les portails sont fermés. S'il existait, Henri pourrait rejoindre Léna.

– Il faudrait le construire, déclare Oscar. Mais on risquerait de brouiller le temps pour toujours...

Équipés d'une longue-vue, les Collecteurs de Temps copient le schéma depuis l'immeuble d'en face. Ils veulent fabriquer leur propre machine à voyager dans le temps...

De nos jours

Pas question que Théa incarne la fée ! Léna est déterminée à progresser. Elle répète sans relâche. Inès vient l'aider et joue le rôle de Max. Pour mieux se concentrer, Léna ferme les yeux. Cela fonctionne : cette fois, elle ne vacille pas. Max entre dans la salle et l'observe, sous le charme. En silence, il fait signe à Inès et reprend sa place auprès de Léna.

– Pourquoi est-ce qu'elle danse **mon** rôle ? Dans **mon** école ? Avec **mon** copain ? Et les yeux fermés ? s'étonne Théa.

Le professeur demande à Max et Léna de reprendre du début.

– Ce n'est qu'une légende… tente de se persuader Léna tandis qu'ils dansent en parfaite alchimie.

Le professeur les félicite. Théa enrage : Léna vient de gagner le droit de récupérer son rôle.

Toute à sa satisfaction, Léna monte sur le toit du Palais Garnier se confier à **son** journal vidéo. Elle ne remarque pas que Max l'a rejointe.

– Henri, j'aimerais que tu sois là. Tu me manques, l'entend-il déclarer.

Max fait aussitôt demi-tour.

Qu'espérait Max en venant trouver Léna sur le toit ?

Avant de le découvrir, peux-tu dire si les mots en rose dans la partie ci-dessus sont :

a. des déterminants possessifs ?

b. des déterminants démonstratifs ?

Si tu as choisi a. → Lis le n° 2.

Si tu as choisi b. → Lis le n° 17.

mémo 3

13

Bravo ! C'était bien un régime républicain.

→ Lis la suite au chapitre 4.

14

Tu t'es trompé(e), ce n'est pas ce sens-là dans la phrase.

→ Recommence l'exercice du n° 15.

15

De nos jours

Max ne digère pas son échec devant Paul G.

– C'était peut-être notre seule opportunité pour se faire une place sur la scène hip-hop... regrette-t-il. Et moi, j'ai tout gâché !

De leur côté, Léna et Théa se disputent la préférence de Violette : chacune veut être choisie. Elles ont décidé de régler les choses par un concours de pliés relevés. Elles s'avancent à la barre... C'est parti !

1905

Coincé avec les Collecteurs de Temps dans le bureau de son père, Henri révèle l'existence d'un passage secret dans le conduit d'aération de la pièce. Ils s'y engouffrent et se retrouvent dehors.

De nos jours

Tandis que, dans les souterrains du Palais Garnier, Max invente de nouveaux mouvements avec Jeff et Dash, au studio Léna et Théa sont toujours en plein affrontement. Elles font des pliés relevés depuis deux heures ! L'entrée de Mademoiselle Carré met fin à leurs souffrances... Mais la directrice les met en garde :

– Je ne tolérerai plus qu'on me fasse perdre mon temps, compris ?

Léna et Théa s'écroulent.

– Je te laisse Violette, déclare Théa.

– Non merci, réplique Léna.

La petite fille se dirige justement vers elles, piteuse :

– Je suis désolée, j'ai cru que ce serait une bonne idée de vous mettre en compétition...

– On est une famille, c'est très mal ce que tu as fait, la gronde Léna.

– Mais il est évident que vous vous détestez... proteste Violette.

– C'est quoi, cette histoire ? objecte Théa. Tout le monde sait que j'adore Léna.

– Et que j'adore Théa, renchérit Léna.

Violette les aurait-elle réconciliées ?

Tu ne tarderas pas à le savoir, après avoir répondu à cette question.

« Max ne **digère** pas son échec devant Paul G. »

Que veut dire « ne pas digérer » dans cette phrase ?

a. ne pas assimiler les aliments mangés

b. ne pas intégrer toutes les informations

c. ne pas supporter la situation

Si tu as choisi a. → Lis le n° 14.

Si tu as choisi b. → Lis le n° 7.

Si tu as choisi c. → Lis le n° 11.

mémo 7

16

Bravo ! C'est la bonne réponse.

→ Va au n° 12.

17

Non, ce ne sont pas des déterminants démonstratifs. Relis ton mémo.

→ Recommence l'exercice du n° 12.

18

De nos jours

Les élèves découvrent les rôles qui leur ont été attribués pour le ballet qu'ils travailleront en cours de répertoire. Max sera le fermier, principal rôle masculin, Théa la fermière. Quant à Léna, elle a décroché le rôle de la Fée, premier personnage féminin, qui vole son mari à la fermière...

– Dites-moi que c'est une blague ? fulmine Théa.

Léna, elle, n'en revient pas. Car elle connait très bien ce ballet... ainsi que la légende qui l'entoure.

– On dit que ceux qui dansent les deux rôles principaux tombent toujours amoureux... raconte-t-elle à Inès.

1905

Henri est retourné à l'atelier. Là, il implore l'aide d'Oscar, au nom de l'amour qu'il porte à Léna. Et surtout, il a quelque chose à lui montrer. Un schéma qu'il a trouvé dans un livre. Oscar parait très intéressé...

De nos jours

Les répétitions pour le ballet commencent. Théa danse à la perfection. Léna, en revanche, vacille dès qu'elle doit danser avec Max. Même Max est perturbé. Léna se demande s'ils ne seraient pas victimes de la légende.

– Ça ne t'a pas effleuré l'esprit que vous pouviez tout simplement vous apprécier, tous les deux ? lui suggère Inès.

– C'est absolument impossible, proteste Léna. J'ai un petit copain !

Agacé par les hésitations de Léna, le professeur change soudain d'avis :

– Théa et Léna, échangez vos rôles.

Léna acceptera-t-elle que Théa reprenne le rôle qui lui a été attribué ?

Tu le sauras après avoir trouvé le nom de ce solide.
Un solide a 2 bases triangulaires identiques et parallèles. Il a 3 faces rectangulaires et 9 arêtes. **De quoi s'agit-il ?**

a. un pavé droit
b. un prisme droit
c. une pyramide

Si tu as choisi a. → Lis le n° 10.
Si tu as choisi b. → Lis le n° 16.
Si tu as choisi c. → Lis le n° 6.

mémo 12

4 Rendez-vous à l'Opéra

1

De nos jours

À chaque journée son nouveau défi. Ce matin, Mademoiselle Carré a prévu un exercice inédit pour les filles du groupe :

– Mesdemoiselles, nous allons nous concentrer sur le travail d'équipe. Vous me préparerez une chorégraphie de votre choix par groupe de trois.

La directrice forme les trios : Léna, Inès et Théa vont devoir travailler ensemble. Elles tombent tout de suite d'accord sur le thème de leur chorégraphie ; elles-mêmes n'en reviennent pas. Au travail !

Dans le studio des garçons, et malgré le règlement, Max interrompt la répétition pour aller lire le message qu'il vient de recevoir : c'est un défi lancé au Blok par le groupe XS !

– « Si vous ne venez pas, vous sortez de la course. »

1905

Kidnappé par les Collecteurs de Temps, Henri se retrouve attaché à un fauteuil. Face à lui, Frank finalise le portail, et il a besoin de ses conseils...

De nos jours

Max, Jeff et Dash répètent. L'enjeu est de taille, et la barre haute ! Il faut inventer de nouvelles séquences.

La réputation du Blok est en jeu... S'ils perdent le défi, leur échec sera rendu public. Et les garçons seront sans doute expulsés de l'École !

Pendant ce temps, Léna commence à apprécier Théa.

– Tu ne vois pas qu'elle se sert de toi ? lui souffle Inès.

Léna n'est pas de cet avis. Se sentant délaissée, Inès préfère rejoindre la chambre. Léna l'y retrouve : Inès est en train de faire sa valise !

– Va t'amuser avec ta nouvelle meilleure copine, moi, je déménage, annonce-t-elle.

Théa va-t-elle mettre en péril l'amitié entre les deux camarades ?

Tu es impatient(e) de le savoir, alors résous ce problème.

Mademoiselle Carré a regroupé les filles de l'École de Danse de l'Opéra national de Paris et leur demande de se mettre par groupes de 3. Elles sont 51.

Les danseuses vont-elles pouvoir le faire ?

a. oui → Lis le n° 5.

b. non → Lis le n° 9.

mémo 11

2

Bravo ! C'est la bonne réponse.

→ Lis vite la suite au chapitre 5 !

3

Faux, les rayons n'arrivent pas de façon horizontale.

Relis le mémo.

→ Recommence l'exercice du n° 4.

4

De nos jours

Mademoiselle Carré va distribuer les rôles pour le spectacle de mi-saison. Les sélections seront organisées en fin de journée. Théa panique : sa mère y assistera. Pour Léna, c'est peut-être la dernière chance de pouvoir danser sur la scène du Palais Garnier. Car elle sait qu'Henri va revenir la chercher pour la ramener en 1905, même si elle ignore quand...

La directrice constitue les tandems : Léna, qui espérait danser avec Max, devra travailler avec Jeff. C'est une déception.

Les élèves se mettent au travail. Le porté est un élément capital de la séquence. Mais Jeff ne semble pas prendre l'exercice au sérieux, au grand dam de Léna.

Théa s'élance. Elle est en duo avec Max, mais elle est tellement stressée qu'elle rate son porté. De l'autre

côté de la vitre, quelqu'un a tout vu : sa mère, qui vient d'arriver !

– C'est une plaisanterie, Dorothéa ? Nous ne sommes pas au cirque mais à l'Opéra national de Paris. Retourne dans la salle et restes-y jusqu'à ce que ce soit parfait !

Théa obéit. Elle n'a pas le choix !

Les autres filent à la cafétéria. Léna est désespérée : elle n'arrive pas à impliquer Jeff. Les sélections, il s'en moque. Le classique, il trouve ça ennuyeux. Léna s'est confiée à Inès, Dash et Max qui tentent de motiver Jeff.

– Quoi ? Tu leur as parlé de moi dans mon dos ? demande Jeff à Léna.

Et, vexé, il quitte la table sans attendre la réponse.

Jeff va-t-il gâcher la chance de Léna ?

Pour lire la suite, trouve la bonne réponse.
La Terre tourne autour du Soleil selon un axe incliné.
Pendant les saisons chaudes :
a. les rayons du Soleil arrivent sur la Terre de façon verticale.
b. les rayons du Soleil arrivent sur la Terre de façon horizontale.

Si tu as choisi a. → Lis le n° 7.
Si tu as choisi b. → Lis le n° 3.

mémo 19

5

Bravo ! 51 : 3 = 17.

→ Va au n° 6.

6

De nos jours

Max est formel : les danseurs du Blok ne sont pas prêts. Leur niveau est trop faible. Et s'ils se font battre, Max perd tout... Il renonce à aller affronter le groupe XS. Jeff, lui, pense que Max les sous-estime. Il n'a pas dit son dernier mot...

Les garçons assistent aux présentations des trios féminins. Léna s'excuse auprès d'Inès :

– Je suis désolée de t'avoir délaissée pour passer du temps avec Théa.

Inès ne peut rester fâchée plus longtemps avec sa meilleure amie et pardonne à Léna. Jeff interpelle les filles :

– Vous pourriez me retrouver en bas dans une minute ? C'est à propos de Max...

1905

Le portail des Collecteurs est presque achevé. Pourtant, il ne fonctionne pas.

– Il manque quelque chose, affirme Frank sans savoir quoi.

Henri sait. Il propose un marché : il l'aidera à terminer le portail si les Collecteurs lui permettent de retrouver Léna. Frank accepte son offre.

De nos jours

Max se rend au rendez-vous avec les trois filles du groupe XS, prêt à déclarer forfait... mais Jeff fait irruption, accompagné de trois danseurs portant des masques blancs.

– On va y arriver, annonce-t-il.

Et tous entament une chorégraphie époustouflante. Les filles des XS ne reconnaissent pas Dash, Inès et Léna. La danse se termine et elles rendent leur verdict :

– Pas mal. Le Blok reste dans la compétition.

Hourra ! Les danseurs du Blok laissent éclater leur joie. Le téléphone de Max se met alors à sonner. L'écran affiche le nom de son père... Pourtant, Max a toujours affirmé qu'il était mort !

Que peut bien vouloir le père de Max ?

En effet, on peut se le demander. Mais d'abord, réponds à la question.

Qui sait comment faire fonctionner le portail ?

Max Frank Henri

Recopie ta réponse :

Henri

C'est ton QUATRIÈME INDICE. N'oublie pas de le noter sur ta page-indices, p. 185.

Maintenant → Lis vite la suite au n° 4.

7

Bravo ! Les rayons arrivent bien de façon verticale.

→ Va au n° 10.

8 ★

Faux. C'est une exception. Lis ton mémo.

→ Recommence l'exercice du n° **10**.

9 ★

Tu as fait une erreur de calcul. Relis le mémo.

→ Recommence l'exercice du n° **1**.

10 ★

De nos jours

La mère de Théa range la chambre de sa fille, jetant posters et photos pour qu'elle puisse mieux se concentrer. Théa est en plein cauchemar... Soudain, on frappe à la porte. Léna a trouvé un prétexte pour tirer Théa d'affaire : elle invente qu'elle a besoin d'aide pour répéter.

– Désolée, Mère. L'École passe en premier, déclare Théa en s'enfuyant.

Pour la remercier de l'avoir sortie des griffes de sa mère, Théa donne à Léna un précieux conseil pour motiver Jeff :

– Dis-lui ce qui doit être fait, au lieu de lui dire ce qui est important.

L'astuce fonctionne ! Jeff est désolé. Il est prêt à s'impliquer. Léna et lui partent répéter. Juste à temps : ce sera bientôt l'heure des sélections.

Les sélections commencent. Pour la première fois, Jeff ressent le fameux frisson dont lui parlait Léna. Après

leur passage, il la remercie. Dash, lui, court acheter des fleurs pour sa partenaire Inès.

– Des roses jaunes, symbole de l'amitié... mais aussi d'amour éternel et de grandes émotions ! indique-t-il.

Les résultats des sélections sont bientôt affichés : Inès a obtenu le solo, Léna un duo avec... Max. Théa enrage : elle sera la doublure de Léna. Jeff, lui, sera la doublure de Max. Et Dash a eu un trio.

– On va redanser ensemble, on dirait, dit Max à Léna.

Léna serait-elle en train de tomber amoureuse de Max ?

Pour le découvrir, trouve la réponse à cette question.
« **Les roses jaunes** sont symbole d'amitié. » Comment écris-tu l'adjectif de couleur dans la phrase : « Les fleurs (orange) sont symbole de joie » ?

a. orange
b. oranges

Si tu as choisi a. → Lis le n° 2.
Si tu as choisi b. → Lis le n° 8.

mémo 6

5 La dernière chance

1

De nos jours

Clive, Pinky et Henri ont réussi à faire fonctionner le portail et ils sont arrivés à destination. Tous trois partent à la recherche de Léna, les Collecteurs d'un côté et Henri, qui veut leur échapper, de l'autre. Dans le dernier message que le jeune homme a laissé à Léna dans la cheminée, il lui fixait un rendez-vous ce soir, sur le toit du Palais Garnier. Léna a bien reçu la lettre : elle ira au rendez-vous, juste après la répétition pour le Blok. Elle a un pressentiment : et si c'était maintenant qu'Henri revenait la chercher ?

Pour calmer leur stress à l'approche du spectacle, Jeff et Dash se sont lancés dans un concours de blagues.

Après avoir offert à son camarade un gâteau infect, Jeff glisse un coussin péteur sur sa chaise... Dash prépare sa revanche. Il annonce aux filles qu'il va imaginer un piège avec sa crème de massage...

Les élèves se retrouvent au sous-sol du Palais Garnier pour une répétition du Blok. Dash a très chaud et demande à Jeff d'ouvrir la porte. Mais celle-ci est bloquée.

– Je t'ai bien eu ! s'esclaffe Dash. J'ai mis de la crème de massage sur la poignée !

Léna blêmit :

– J'ai remplacé la crème par du ciment-colle extra fort... Je voulais participer à votre concours de farces !

Catastrophe ! Les danseurs sont coincés dans le souterrain. Il n'y a ni issue, ni réseau. Pour Léna, c'est pire que tout : elle risque de rater son rendez-vous...

Léna va-t-elle manquer son rendez-vous tant attendu avec Henri ?

Pour le savoir, tu dois d'abord trouver la réponse à cette question.

« Léna ira au rendez-vous » : Comment conjugues-tu cette phrase au passé simple ?

a. Léna est allée au rendez-vous.

b. Léna alla au rendez-vous.

c. Léna allait au rendez-vous.

Si tu as choisi a. → Lis le n° 9.

Si tu as choisi b. → Lis le n° 5.

Si tu as choisi c. → Lis le n° 11.

mémo 4

2

Bravo ! Tu as trouvé la bonne réponse.

→ Va au n° 4.

3

Faux. Les araignées ne sont pas des insectes. Relis le mémo.

→ Recommence l'exercice du n° 14.

4 De nos jours

– Je n'avais encore jamais dû laisser mon rôle à une doublure, déclare Max à Léna.

Mais il n'a pas dit son dernier mot. Il propose à Léna de tester sa méthode anti-stress. C'est parti pour une balade loin du Palais Garnier...

Pendant ce temps-là, Jeff combat son appréhension en jouant aux jeux vidéo. Mais Théa ne le lâche pas d'une semelle.

– J'ai besoin d'être un peu tranquille, insiste-t-il. Comme Léna, quand elle va sur le toit et qu'elle écrit des lettres à côté de la cheminée...

Sans commentaire, Théa enregistre l'information.

1905

Henri se rend dans l'atelier d'Oscar : il a besoin de conseils pour réparer le portail. En chemin, il a vu des avis avec son portrait placardés aux murs : la mère de Léna a mis ses gardes à ses trousses...

De nos jours

Léna et Max sont de retour après un déjeuner sur les bords de Seine. Très détendue, Léna se laisse entrainer par Max et tous deux improvisent la chorégraphie du spectacle sur le parvis du Palais Garnier. Débarrassés de toute pression, ils se révèlent majestueux... Les passants s'arrêtent pour les admirer. Léna n'a pas repéré la directrice dans la foule.

Max, lui, sait bien qu'elle arrive toujours à cette heure-ci... Lorsque le groupe se retrouve au studio, ce que Max espérait se produit :

– J'ai changé d'avis, annonce Mademoiselle Carré. Ce sont finalement Léna et Maximus qui danseront les rôles principaux sur scène.

– Léna ne perd rien pour attendre, dit Théa, furieuse.

Dès la fin du cours, elle monte sur le toit. Dans la cheminée, elle trouve une lettre d'Henri...

Jusqu'où Théa ira-t-elle pour se venger de Léna ?

Tu es impatient(e) de le découvrir. Pour cela, résous ce petit problème.

Selon Max : « La directrice arrive toujours à cette heure-ci ». Elle prend le bus de 17 h 15 qui la conduit à l'arrêt le plus proche du Palais Garnier. Le bus met 42 minutes puis elle marche 7 minutes jusqu'au Palais Garnier.

À quelle heure arrive-t-elle ?

a. 17 h 22 **b.** 17 h 57 **c.** 18 h 04

Si tu as choisi a. → Lis le n° 13.
Si tu as choisi b. → Lis le n° 6.
Si tu as choisi c. → Lis le n° 15.

mémo 14

5

Bonne réponse ! Le passé simple a bien été utilisé.

→ Va au n° 14.

6

Attention, tu n'as compté que le trajet en bus.

→ Recommence l'exercice du n° 4.

7

De nos jours

À l'approche du spectacle, toute l'École est en ébullition. Pour ce grand moment, Léna a décidé de porter le pendentif que lui a offert Henri. Chaque élève a son rituel, ses habitudes ou ses objets fétiches. Jeff, lui, a mal au ventre, et il accuse les œufs du petit-déjeuner... alors qu'il est en train de découvrir le trac !

1905

Henri est de retour auprès des Collecteurs de Temps. Il a trouvé le moyen de faire fonctionner le portail. Cette fois, ils ne le laisseront pas s'enfuir à nouveau : ils l'attachent à une chaise.

– On va traverser le portail, et toi tu restes ici ! annonce Frank. Tu ne reverras plus jamais Léna...

De nos jours

Au Palais Garnier, les danseurs et les danseuses se préparent : maquillage, essayages...

Puis les élèves vont découvrir le lieu mythique où va se dérouler le spectacle. C'est splendide ! Léna peine à réaliser qu'elle va vivre son rêve...

Les dernières répétitions se font directement sur scène. Alors qu'elle paraissait sur le point d'imploser un peu plus tôt, Théa fait à présent mine de rien. Quelque chose cloche... Léna la regarde danser, tout en pensant à Henri.

– Bonne chance pour ce soir ! lui lance Théa en passant près d'elle, faussement sincère.

Quel mauvais coup prépare Théa ?

Avant d'en savoir plus, il te faut trouver ton cinquième indice.
Relis bien le paragraphe et trouve la réponse.

Pourquoi Jeff a-t-il mal au ventre ?

- Il est malade à cause des œufs qu'il a mangés au petit-déjeuner.
- Il a peur : il découvre ce qu'est le trac.

Recopie ta réponse :

Il a peur : il decouvre le trac

C'est ton CINQUIÈME et DERNIER INDICE.
N'oublie pas de le noter sur ta page-indices, p. 185.

Maintenant → Découvre la fin de cette histoire au n° 16.

8

Bravo !

→ Maintenant, va au n° 12.

9

Tu t'es trompé(e), cette phrase est au passé composé. Consulte le mémo.

→ Recommence l'exercice n° 1.

10

Attention, ces mots sont des synonymes et non des mots de la même famille.

→ Recommence l'exercice du n° 12.

11

Faux. Cette phrase est à l'imparfait. Consulte le mémo.

→ Recommence l'exercice du n° 1.

12

De nos jours

C'est peut-être la dernière chance pour Léna de danser sur la scène du Palais Garnier. Si elle retourne en 1905, elle ne dansera plus. Elle aimerait être parfaite

mais la pression augmente, la directrice annonce que des personnalités importantes seront présentes dans le public, et Théa ne cache plus sa haine à son égard... Léna commence à perdre ses moyens.

– Il y a toujours quelque chose qui ne va pas avec toi, lui fait remarquer Max.

1905

Henri et les Collecteurs de Temps sont revenus à leur époque sans Léna, sans le pendentif... et le portail ne fonctionne plus ! Frank est furieux... Mais une console de jeux rapportée par Clive monopolise soudain toute leur attention. Henri en profite pour filer.

De nos jours

Théa ne digère toujours pas d'être la doublure de Léna. Elle ne dansera qu'en cas d'accident...

– Mais les accidents, ça arrive, réalise-t-elle tout à coup, l'air diabolique.

Les répétitions reprennent de plus belle. Mademoiselle Carré veut être certaine qu'elle a fait le bon choix et demande aux deux duos qui ont appris les premiers rôles d'interpréter la chorégraphie. La directrice les observe... et tranche :

– Léna, Maximus. Il s'agit du spectacle de mi-saison. Et vous n'avez fait que me décevoir... Il est hors de question que je compromette la réputation de l'École. Je n'ai pas le choix : je dois confier vos rôles à vos doublures, Théa et Jeffrey.

Comment Léna va-t-elle prendre cette nouvelle ?

Tu es pressé(e) de le savoir ? Alors trouve la réponse à cette question.

Théa ne supporte pas l'idée d'être la « **doublure** » de Léna.

Trouve la liste de mots de la même famille que « doublure » :

a. doublon – redoubler – dédoublement – double

b. cascadeur – imitateur – remplaçant – suppléant

Si tu as choisi a. → Lis le n° 2.

Si tu as choisi b. → Lis le n° 10.

mémo 8

13

Attention, tu n'as compté que le trajet à pied.

→ Recommence l'exercice du n° 4.

14

De nos jours

Pendant ce temps, Henri erre dans les souterrains. Croyant ressentir sa présence, Léna se laisse guider au hasard des couloirs pleins de toiles d'araignée, suivie du reste du groupe.

Pour optimiser ses chances de trouver une issue, le groupe se sépare. Max suit Léna. Inès et Dash partent de leur côté. Théa et Jeff explorent une autre direction. Théa en profite pour se confier à Jeff ; elle ne supporte pas d'avoir été choisie pour être la doublure de Léna. D'autant que Max semble apprécier la jeune Russe, un peu trop au gout de la jalouse Théa...

Dans un autre couloir, Max tente justement de calmer

Léna. Il croit qu'elle stresse pour les répétitions.

– Tu vas assurer, dit-il.

Et il se penche, prêt à l'embrasser. Mais Léna s'écarte : elle vient d'apercevoir des escaliers. Ils sont sauvés ! En haut, une porte : Léna croit reconnaitre la voix d'Henri de l'autre côté. Elle l'appelle et ouvre la porte : personne. Max la rattrape :

– Génial, tu as trouvé une sortie ! Mais... tu parlais à qui ?

Léna ne répond pas. Son attention est attirée par une lettre, par terre. C'est l'écriture d'Henri : il est donc bien passé par là ! Et une fois de plus, ils n'ont pas réussi à se retrouver.

Léna se réfugie sur le toit et rédige un message pour Henri : « Je n'arrive pas à croire que je t'aie manqué... » Max la trouve là, une fois encore. Et une fois encore, Léna ne le remarque pas...

Comment Max pourrait-il attirer l'attention de Léna ?

Tu le sauras en répondant à la question suivante.
« Léna se laisse guider au hasard des couloirs pleins **de toiles d'araignée.** »
Les araignées font partie de la famille :
a. des insectes.
b. des arachnides.

Si tu as choisi a. → Lis le n° 3.
Si tu as choisi b. → Lis le n° 8.

mémo 20

15

Bravo, tu as réussi !

→ Va au n° 7.

16

1905

Henri est parvenu à défaire les liens qui le maintenaient attaché à la chaise peu de temps après le départ des Collecteurs. Il s'approche du portail et règle un lieu d'arrivée... avant de s'y engouffrer.

De nos jours

Le spectacle va commencer.

– Savourez, recommande la directrice aux danseurs et aux danseuses. Vous l'avez mérité. Bon courage et faites-moi rêver.

Juste avant l'entrée en scène, Théa tend à Léna la lettre d'Henri qu'elle a trouvée dans la cheminée. Stupéfaite, Léna la lit sur-le-champ :

– Henri a réussi à venir ! Il veut qu'on se rejoigne sur le pont Alexandre III à 20 h...

Il est 20 h ! Léna n'a que quelques secondes pour choisir : danser ou rejoindre Henri... Elle ne bouge pas, et Théa entre en scène à sa place.

– Léna, qu'est-ce qui se passe ? s'étonne Inès.

Léna lui explique tout.

– Merci d'avoir été l'amie dont j'ai toujours rêvé, dit-elle en serrant Inès dans ses bras.

Pendant ce temps, les Collecteurs sont arrivés et l'ont repérée. Rapidement, Léna donne son pendentif à Inès. Il faudrait qu'elle y aille, mais peut-elle quitter le Palais Garnier sans dire au revoir à Max, avec qui elle a partagé tant de choses ? Sans réfléchir, elle fonce sur scène et dépose un baiser sur les lèvres du danseur. Dans la salle, c'est la stupeur.

En coulisses, les Collecteurs ont arraché le pendentif à Inès. Ils veulent repartir... mais le portail est fermé !

Sur le pont Alexandre III, Léna court. Elle aperçoit Henri : ils vont enfin être réunis ! Mais Henri est soudain attrapé par une main qui l'attire de l'autre côté de la pile du pont. Il a disparu !

FIN

Bravo ! Puisque tu es allé(e) jusqu'au bout de cette aventure et de ses exercices, nous te proposons de nous envoyer, sur le site **www.lenigme.com**, la liste des indices que tu as notés page 185 et tu pourras télécharger des surprises.

Pour savoir si Léna et Henri vont enfin se retrouver, lis vite la suite de l'histoire 2, *Le Cœur entre deux époques* ! (p. 87)

2. Le cœur entre deux époques

Épisodes 14 à 26

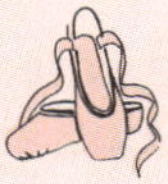

Précédemment…

Envoyée à notre époque à cause du pendentif que lui a offert son petit ami Henri en 1905, Léna a multiplié les efforts pour s'intégrer à l'École de Danse de l'Opéra national de Paris. Son talent lui attire la jalousie de Théa, sa rivale, mais c'est sans compter sur l'amitié d'Inès, de Jeff et de Dash, et surtout… sur les sentiments confus que Max et elle ressentent l'un pour l'autre.
De son côté, Henri a réussi à ouvrir un portail temporel pour la ramener en 1905.
Le soir du grand départ, Léna a embrassé Max avant de rejoindre Henri. Mais arrivée au rendez-vous, elle voit Henri disparaitre sous ses yeux, la laissant au XXIe siècle.

1

Princesse baroque

1

1905

Sur le pont, Henri a été in extremis attrapé par son père, qui l'a ramené en 1905.

– Je suis venu t'empêcher d'aggraver les choses, affirme Victor. Tu ne te rends pas compte de ce que tu as fait !

– Léna était juste à côté ! Tu aurais pu nous ramener tous les deux... réplique Henri.

Sauf qu'Henri a créé une faille temporelle impossible à annuler. Son père est obligé de détruire le portail qu'Henri a bâti avec les Collecteurs de Temps...

De nos jours

Contrairement à ce qui était prévu, Léna n'est pas retournée en 1905. Il va donc falloir qu'elle affronte la directrice de l'École de Danse de l'Opéra national de Paris, ainsi que Max, puisqu'elle a embrassé ce dernier en plein milieu du spectacle avant de fuir...

À la cafétéria, les élèves découvrent les articles du jour : toute la presse critique le spectacle. Léna va trouver Théa :

– Tu m'as volé la lettre d'Henri ! l'accuse-t-elle. Et tu t'en es servie pour prendre ma place à la dernière minute... Je me vengerai.

– Si jamais tu embrasses à nouveau mon petit copain, tu te réveilleras le lendemain au fin fond de la Russie, répond Théa.

Pendant ce temps, les Collecteurs constatent qu'ils sont coincés dans le futur. Et le portail ne fonctionne plus. Mais ils ont récupéré le pendentif de Léna... Ils remarquent d'ailleurs que la pierre est fêlée : la rumeur affirmant qu'elle a été coupée en deux est donc une réalité ! Ils doivent donc trouver l'autre moitié.

Max aperçoit Léna. Il ne l'a pas revue depuis le spectacle de la veille. Il imagine que c'est à cause du trac qu'elle l'a embrassé. Léna s'explique :

– Je n'ai pas eu le trac. Je t'ai embrassé parce que je pensais que je ne te reverrais plus jamais.

– Eh bah, c'est raté, on dirait ! fait Max avant de s'éloigner.

Léna est préoccupée par ce qui l'attend. Elle réfléchit à un plan pour s'excuser auprès de la directrice, Mademoiselle Carré.

– Tu ferais bien de te préparer au pire, lui conseille Inès.

La directrice arrive justement.

– Mademoiselle Grisky ? Dans mon bureau. Immédiatement.

Léna va-t-elle être renvoyée ?

Pour le découvrir, un peu de grammaire.

Dans cet extrait : « Mademoiselle Grisky ? Dans mon bureau. Immédiatement. », « immédiatement » est :

a. un verbe avec sa terminaison « ent »

b. un mot invariable

c. un nom masculin

Si tu as choisi a. → Lis le n° 8.

Si tu as choisi b. → Lis le n° 10.

Si tu as choisi c. → Lis le n° 11.

mémo 21

2

Tu t'es trompé(e), ce triangle n'a pas que deux côtés égaux. → Retourne à l'exercice du n° 10.

3

Tu t'es trompé(e), relis le mémo.

→ Recommence l'exercice du n° 4.

4

De nos jours

Léna est abattue par les derniers mots de Mademoiselle Carré.

– La seule façon de la faire changer d'avis, c'est de lui montrer qu'elle s'est trompée, affirme Inès.

Elle a raison. Justement, la directrice vient de demander aux élèves d'imaginer une nouvelle chorégraphie collective mélangeant deux époques et deux styles de danse. C'est l'occasion rêvée pour Léna de montrer son talent. Mais Mademoiselle Carré a interdit à Léna d'y participer.

Cependant, les élèves peinent à se mettre d'accord sur l'époque à mettre en scène dans leur chorégraphie. Mais Léna a soudain une idée. Elle se précipite dans les coulisses du Palais Garnier. Il faut à tout prix regagner la confiance de la directrice !

1905

Les Collecteurs ont réussi à rejoindre le passé. Ils enferment Victor dans une boucle temporelle pour pouvoir fouiller son bureau. Il faut qu'ils trouvent l'autre moitié de la pierre qui orne le pendentif !

Les Collecteurs vont-ils parvenir à leurs fins ?

Pour connaitre la suite de l'aventure, trouve la réponse à cette question.

Dans la phrase « Les Collecteurs ont réussi à rejoindre le passé et enferment Victor dans une boucle temporelle. », « dans une boucle temporelle » est un complément circonstanciel :

a. de temps

(b) de lieu

c. de cause

Si tu as choisi a. → Lis le n° 9.

Si tu as choisi b. → Lis le n° 7.

Si tu as choisi c. → Lis le n° 3.

mémo 22

5

Tu t'es trompé(e), $\frac{2}{4}$ est bien égal à $\frac{1}{2}$. N'hésite pas à consulter le mémo pour vérifier ta réponse.

→ Retourne à l'exercice du n° 7.

6

C'est faux. Ce triangle n'a pas d'angle droit.

→ Recommence l'exercice du n° 10.

7

1905

En fouillant le bureau de Victor, Clive trouve par hasard une porte dérobée... Derrière se trouve la salle d'archives du père d'Henri. Les Collecteurs entreprennent de la fouiller méthodiquement afin de mettre la main sur la pierre. Clive découvre une lettre dans laquelle il est écrit que les deux moitiés de pierre ne doivent jamais être réunies et qu'une personne dénommée Alex détient la seconde pierre...

De nos jours

Léna a récupéré des costumes baroques pour elle et les danseurs de son groupe, Inès, Jeff et Dash. Ils les ont revêtus et ont mis au point une chorégraphie qu'ils présentent à Mademoiselle Carré. Max les admire, sous le

charme. La directrice l'est aussi.

– Ne vous avais-je pas demandé de travailler votre technique, Léna ? demande-t-elle pourtant. Toute seule ? Ne vous avisez plus de me désobéir.

Elle ordonne à Léna de la suivre dans son bureau.

– C'était magnifique. Et très inspiré, reconnait la directrice. Mais ne vous méprenez pas, mademoiselle Grisky, si vous défiez mon autorité encore une fois, vous serez renvoyée.

Léna tiendra-t-elle compte de ce dernier avertissement ?

Pour le savoir, réponds à cette question.

Les deux moitiés de pierre du pendentif ne doivent jamais être réunies.

Sais-tu comment représenter « une moitié » par des fractions ? **Barre l'égalité qui est fausse.**

a. $\frac{2}{10} = \frac{1}{2}$ b. $\frac{2}{4} = \frac{1}{2}$ c. $\frac{50}{100} = \frac{1}{2}$

Si tu as barré a. → Va au n° 15.
Si tu as barré b. → Va au n° 5.
Si tu as barré c. → Va au n° 13.

mémo 28

8

Tu t'es trompé(e), ce n'est pas un verbe. Pour t'aider, tu peux aller consulter le mémo.

→ Recommence l'exercice du n° 1.

9

Faux, ce complément ne répond pas à la question « quand ? ».

→ Retourne à l'exercice du n° 4.

10

De nos jours

– Ma décision est prise, déclare la directrice. Dès que je parviens à joindre votre tuteur, vous êtes renvoyée.

– Mais je n'ai aucun endroit où aller, sanglote Léna.

Dans sa dernière lettre, Henri lui a écrit que son pendentif la protègerait. Mais le bijou est entre les mains des Collecteurs... Léna se concentre sur un objectif plus urgent : faire changer Mademoiselle Carré d'avis. Pour ça, elle a décidé de lui offrir des cadeaux. Pendant qu'elle les prépare, Inès explique au reste du groupe que Léna va aggraver son cas.

– Elle mérite de se faire virer, persifle Théa. Un vrai danseur ne s'enfuirait pas en plein milieu d'un spectacle juste parce qu'il a le trac...

– C'était juste à cause du trac ? Tu es sûre, Théa ? demande Inès, qui sait que la manipulatrice a piégé Léna pour se venger de ne pas avoir eu le rôle de la fée.

Jeff, Dash et Max acceptent d'aider Léna.

– Ce sera sans moi, dit Théa.

Au même moment, en réparant le portail grâce au pendentif de Léna, les Collecteurs découvrent que celui-ci permet de créer une boucle temporelle. Ils décident de retourner en 1905 pour stopper Victor avant qu'il ne les arrête dans le futur.

À l'École, les quatre camarades tentent de plaider la cause de Léna auprès de la directrice :

– Depuis que Léna est arrivée, on s'est tous améliorés en tant que danseurs... dit Inès.

– Elle apporte un côté traditionnel qu'aucun de nous n'avait jamais vu avant, renchérit Max.

Leur discours terminé, ils cèdent la place à Léna et à... ses cadeaux : des origamis et des ananas. Léna présente ses excuses sincères à la directrice et promet de travailler dur à l'avenir.

– J'apprécie l'amour que vous portez à la danse, finit par dire Mademoiselle Carré. Vous pouvez rester. Mais je vous préviens : vous n'intégrerez jamais la Compagnie.

Comment Léna va-t-elle prouver à la directrice qu'elle peut être à la hauteur ?

Tu le sauras très vite en répondant à cette question.
Léna a offert un origami en forme de cœur à la directrice.

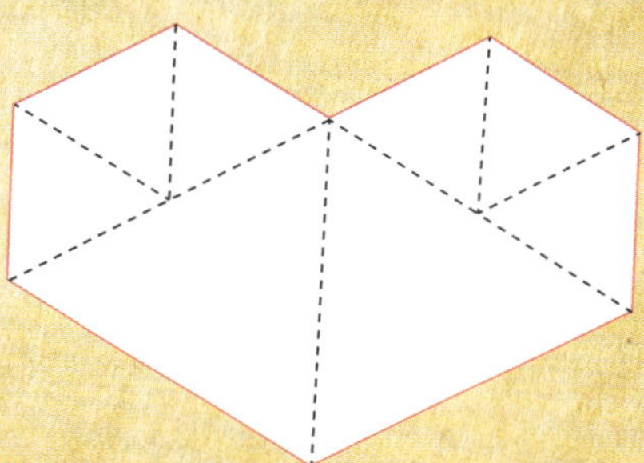

Cet origami est composé de 8 figures géométriques à 3 côtés égaux et 3 angles égaux. Ce sont :

a. des triangles isocèles

b. des triangles rectangles

c. des triangles équilatéraux

Si tu as choisi a. → Va au n° 2.

Si tu as choisi b. → Va au n° 6.

Si tu as choisi c. → Va au n° 4.

mémo 30

11

Faux, connais-tu bien les différentes classes grammaticales ? Si tu as un doute, lis le mémo.

→ Refais l'exercice du n° 1.

12

De nos jours

C'est l'heure du *flash-mob** ! Léna retourne dans sa chambre afin de retrouver son masque, qu'elle croyait avoir glissé dans son sac. Inès part devant. Le *flash-mob* a lieu devant la tour Eiffel. Il démarre à l'heure dite, sans Léna qui n'est toujours pas arrivée. Avec les costumes baroques et les masques que portent les danseurs, l'effet est spectaculaire. Le public adore...

Le spectacle terminé, un homme s'approche de Dash :

– Vous êtes l'un des danseurs masqués, n'est-ce pas ?

– Non, ment Dash.

– Dommage. Je cherche des talents pour une école de danse à Londres, et j'ai repéré un jeune qui faisait votre taille. Il se démarquait par rapport aux autres. Si jamais

---

* Rassemblement spontané et bref en public pour des représentations de danse, chant…

vous le croisez, vous pourriez peut-être lui faire passer ma carte...

Dash empoche la carte. Il peine à croire ce qu'il vient d'entendre...

Les danseurs rentrent à l'École.

– Où étais-tu passée ? demande Max à Léna, qui les attend dans le hall.

– Je n'ai pas trouvé mon masque, explique-t-elle. J'ai pourtant cherché partout.

Max et Léna posent alors les yeux sur le sac de Théa. On dirait qu'il contient... Mais oui ! Un masque ! Et c'est celui de Léna !

– Tu me l'as volé ? s'indigne Léna.

Théa fait l'innocente, mais pour Max, c'en est trop. Dès que Léna a tourné les talons, il s'adresse à Théa :

– Pourquoi tu as fait ça ? Je ne te reconnais plus... Nous deux, c'est fini.

– Attends... Je peux m'excuser auprès de Léna.

– Ce n'est pas la peine. C'est terminé.

Léna, elle, s'est réfugiée sur le toit. Elle en veut à Henri de l'avoir envoyée dans cette époque et de ne pas avoir de plan pour la sauver.

– Mes parents avaient raison : je serais mieux sans toi, écrit-elle.

Léna et Henri sont-ils en train de rompre ?

Tu le sauras très vite, quand tu auras répondu à cette question.

La tour Eiffel a été construite lors de l'industrialisation de la France à la fin du XIXe siècle.

a. VRAI **b.** FAUX

Si tu as choisi a. → Lis le n° 16.

Si tu as choisi b. → Lis le n° 14.

mémo 35

13

Ce n'est pas la bonne réponse. Lis le mémo.

→ Recommence l'exercice du n° 7.

14

Attention, tu t'es trompé(e).

→ Retourne à l'exercice du n° 12.

15

De nos jours

Léna et Henri s'écrivent de plus en plus régulièrement. Ils se racontent tout. Léna mentionne souvent Max. Celui-ci vient justement la chercher sur le toit :

– J'ai eu une super idée pour le Blok, annonce-t-il. Du hip-hop baroque ! Je pense qu'on devrait reprendre ta chorégraphie et la moderniser avec du hip-hop. Qu'est-ce que tu en dis ?

Léna et Max descendent au studio faire une première tentative.

– Si tu m'embrasses encore, il faudra à nouveau t'enfuir ! glisse Max à Léna entre deux mouvements.

Théa, qui est entrée dans la salle, les aperçoit... Le reste du groupe arrive et Max leur présente son idée, et propose qu'ils fassent un essai en pleine rue.

– N'oubliez pas vos masques ! précise Max. À tout à l'heure.

Léna remonte sur le toit poursuivre sa correspondance avec Henri. Celui-ci commence à être un peu jaloux de ce Max que Léna ne cesse de citer... Il promet qu'il ramènera bientôt Léna en 1905.

– Je ne t'en ai pas parlé parce que je ne voulais pas que tu t'inquiètes... ajoute-t-il. Mais tu es coincée dans une bulle temporelle. Cette bulle empêche tous ceux qui ne possèdent pas de pendentif d'y entrer ou d'en sortir...

– Quoi ?!

Léna fait appel aux compétences scientifiques d'Inès. Hélas, sa camarade n'y voit pas plus clair...

Léna va-t-elle rester coincée dans le présent pour toujours ?

Quelle aventure ! Mais avant de découvrir la suite, réponds à cette question.

Quelle idée a eu Max pour le Blok ?

Relis bien le paragraphe précédent et recopie ta réponse.

Faire du hip-hop baroque

C'est ton PREMIER INDICE.

N'oublie pas de le noter sur ta page-indices, page 186.

Maintenant → lis la suite au n° 12.

16

Bravo ! Tu as choisi la bonne réponse.

→ Rends-toi au chapitre 2 pour découvrir la suite.

2 Secrets et trahisons

1

De nos jours

Léna ne parvient pas à croire qu'Henri et elle ont rompu. Elle est dévastée. Elle ignore que certains élèves murmurent que Max aurait craqué pour elle. Lorsque Léna fait son apparition dans le hall de l'École, Théa lui déclare froidement :

– Sache que je te déteste. Et que je compte bien te pourrir la vie.

– Ignore-la, conseille Inès à Léna.

Mais ce n'est pas si simple...

1905

Henri est retourné à l'atelier d'Oscar. Il espère que ce dernier trouvera une solution pour qu'il puisse rejoindre Léna et la convaincre de renoncer à rompre. Dans la remise, Henri trouve le prospectus d'un ballet. En photo, Léna dansant avec Max... Il doit agir !

De nos jours

Théa est euphorique, car une bloggeuse influente, LavD, a commenté une de ses photos sur un réseau social. Elle n'en oublie pas pour autant Léna : elle lui joue de mauvais tours tout au long de la journée. La directrice a prévu de faire travailler les élèves en duo. Comble de malchance, Léna et Théa doivent travailler ensemble.

– J'attends de vous une parfaite synchronisation, précise Mademoiselle Carré.

Mais Léna ne pense qu'à se venger de Théa. Elle modifie sa voix et laisse un message sur le répondeur de sa rivale en se faisant passer pour la fameuse LavD. En l'écoutant, Théa devient hystérique : la bloggeuse lui a donné rendez-vous dans le hall de l'École !

À l'heure dite, Théa est prête. De nombreux élèves sont venus assister à ce grand moment. Surprise : c'est Léna qui entre...

– Coucou ! C'est LavD, lance-t-elle en reprenant la même voix qu'un peu plus tôt.

Théa est folle de rage. Mais quelqu'un d'autre est en colère : la directrice, qui commence à en avoir assez des gamineries entre les deux filles.

– Puisque vous ne faites aucun effort pour améliorer la situation, je m'en charge, déclare-t-elle. Théa, tu t'installes dans la chambre de Léna et d'Inès dès ce soir.

Les deux rivales seront-elles capables de cohabiter ?

Pour le découvrir, trouve la bonne réponse.
Théa est euphorique. Quel est le synonyme d'« euphorique » ?

a. enjouée
b. désespérée
c. mécontente

Si tu as choisi a. → Lis le n° 7.
Si tu as choisi b. → Lis le n° 6.
Si tu as choisi c. → Lis le n° 8.

mémo 25

2

Tu t'es trompé(e). Tu peux consulter un atlas ou une carte de l'Europe. Sinon regarde le mémo.

→ Recommence l'exercice du n° 4.

3

Attention, tu t'es trompé(e). Tu as oublié qu'il y a une heure de décalage à prendre en compte dans le résultat final. Le décalage horaire est la différence d'horaire à un moment donné entre les différents lieux du globe. Il faut alors ajouter ou soustraire le nombre d'heures pour obtenir l'heure locale.

→ Retourne à l'exercice du n° 7.

4

De nos jours

À la fin de sa prestation, Ruben lance à Max :

– C'est ma revanche...

Les membres du Blok se sont fait voler leur chorégraphie.

– C'est qui, ce gars-là ? râle Jeff.

– Personne, répond Max. Il essaie juste de nous intimider. Il faut qu'on trouve une nouvelle chorégraphie.

Léna propose qu'ils s'inspirent de la danse classique. La surprise sera assurée ! Ils mettent au point une nouvelle chorégraphie à l'extérieur de l'entrepôt.

Un peu plus tard, masqués, les membres du Blok dévoilent leur danse, à la croisée du hip-hop et du classique. Léna tente un porté... et le réussit ! Malgré tout, El Barrio remporte la *battle*.

– Vous ferez mieux la prochaine fois ! lâche Ruben à Max.

Max lui répond en espagnol :

– Ça fait longtemps que tu attends ça, hein ?

– Tu as peur que tes amis découvrent tes secrets, *frérot* ? le provoque Ruben.

Pendant ce temps, à la cafétéria de l'École, Dash dine avec sa mère et son professeur. La mère de Dash aimerait que son fils arrête la danse et rentre en Angleterre.

– Faire de la danse, c'est mon rêve de toujours, maman ! déclare Dash.

C'est la première fois qu'Étienne l'entend avouer sa passion.

– Vous pourriez aussi bien danser en Angleterre, dit alors le professeur. À l'École du Ballet de Londres...

Étienne serait-il au courant que Dash est allé passer

l'audition ? Après le diner, le professeur lui avoue l'avoir testé sur sa motivation.

Dash va-t-il quitter l'École de Danse de l'Opéra national de Paris ?

Pour continuer, réponds à cette question.
Max parle en espagnol ! Sais-tu combien de pays, dont l'Espagne, sont membres de l'Union européenne de nos jours ?

a. 28 pays membres **b.** 30 pays membres

Si tu as choisi a. → Lis le n° **10**.
Si tu as choisi b. → Lis le n° **2**.

mémo 36

5

Ta réponse est fausse, as-tu lu le mémo ?

→ Recommence l'exercice du n° **7**.

6

Attention, tu t'es trompé(e). Aide-toi du mémo.

→ Retourne à l'exercice du n° **1**.

7

De nos jours

Dans sa nouvelle chambre, Théa se réveille en pleurs. Cette fois, Léna craint d'être allée trop loin.

– Il faut que j'arrange les choses, annonce-t-elle à Inès.

Elle s'est mis en tête de contacter la bloggeuse...

Pendant ce temps, dans la chambre des garçons, Dash feint d'être malade pour ne pas aller en cours. Dès que ses camarades sont sortis, il s'en va passer l'audition de l'École de Ballet de Londres.

Plus motivé que jamais, Dash fait l'admiration des juges avec son solo. Mais, juste avant l'épreuve de groupe, il tombe et se blesse...

Au studio, Léna et Théa n'ont pas commencé à répéter leur duo. Soudain, le portable de Théa retentit : c'est un message de LavD... la vraie, cette fois-ci ! Théa retrouve le sourire... et la motivation pour danser.

De retour à l'École, Dash confie son secret à Inès. Il en a assez que Max et Jeff aient toujours les meilleurs rôles. Voilà pourquoi il est prêt à quitter l'Opéra national de Paris. Mais lorsque Jeff et Max l'interrogent à leur tour, Dash invente qu'il s'est fait mal en glissant, sans rien dire de l'audition. Sauf que le prospectus de l'École du Ballet de Londres dépasse de son sac...

Dash pourra-t-il garder son projet secret encore longtemps ?

Pour le savoir, résous ce problème.
Si Dash veut passer une nouvelle audition, il doit se rendre en avion à Londres. Le voyage dure 0h54 min. S'il part à 10h57 de Paris, à quelle heure arrivera-t-il à Londres, sachant qu'il y a une heure de décalage horaire ? (Paris est en avance de 1 heure sur Londres.)

a. Heure d'arrivée à Londres : 11h51
b. Heure d'arrivée à Londres : 10h51
c. Heure d'arrivée à Londres : 12h51

Si tu as trouvé a. → Va au n° 3.
Si tu as trouvé b. → Va au n° 9.
Si tu as trouvé c. → Va au n° 5.

mémo 34

8

Ce n'est pas la bonne réponse.

→ Recommence l'exercice du n° 1.

9

De nos jours

Les membres du Blok reçoivent une invitation pour une *battle*... qui leur parait suspecte : un carton a été glissé dans un livre de cours.

– C'est toujours par SMS, d'habitude ! observe Dash.

Quelqu'un sait donc qu'ils sont élèves de l'École... Étienne, leur professeur, leur annonce qu'ils vont travailler un porté très technique. Léna doit s'entrainer, elle est la seule des danseuses à ne pas y arriver. L'examen aura lieu en fin de journée. À la demande du professeur, ses camarades lui donnent des conseils.

Inès joue les gardes-malades auprès de Dash. Elle lui confie une mission : occuper Étienne pendant que les membres du Blok iront à la *battle*...

1905

Henri retourne auprès du portail cassé. Mais les Collecteurs arrivent... Caché, Henri apprend que son père est enfermé dans une boucle temporelle. Il sort précipitamment de sa cachette et réussit à dérober le pendentif de Léna afin de délivrer Victor.

De nos jours

Pour couvrir ses camarades, Dash invite Étienne à diner avec sa mère, qui doit passer le voir. Au même moment, le Blok arrive dans l'entrepôt où la *battle* va avoir lieu... Léna n'a pas eu le temps d'améliorer son porté.

– Ne l'essaie pas ici ! lui recommande Inès. Ce serait la honte de ne pas y arriver devant tous ces danseurs.

Le groupe « El Barrio » entre en piste. Leur chef, Ruben, semble défier Max du regard. Stupeur : le groupe entame... la chorégraphie baroque de Max et Léna !

Qui a trahi l'équipe du Blok ?
Et qui est donc ce Ruben ?

Bien sûr, tu es pressé(e) de l'apprendre. Mais avant, tu dois répondre à une petite question.

As-tu retenu le nom du groupe concurrent et le nom de son chef ?

Recopie ta réponse.

C'est ton DEUXIÈME INDICE.

N'oublie pas de le noter sur ta page-indices, page 186.

Maintenant → lis la suite au n° 4.

10 

Bravo ! → Tu peux te rendre au chapitre 3.

3

Les revenants

1

De nos jours

C'est aujourd'hui que les élèves doivent rencontrer le chorégraphe du spectacle de fin d'année. Léna et Théa ambitionnent toutes les deux d'y décrocher un duo. Il va falloir faire bonne impression !

Au studio, les filles répètent lorsque la directrice arrive avec le chorégraphe : il s'agit du célèbre Armando Castillo, une légende ! Celui-ci observe chaque danseuse. Il s'intéresse particulièrement à Léna :

– Votre façon de danser a quelque chose d'ancien... Vous mêlez le romantique à l'académisme. C'est exactement ce que je recherche.

Repérée par Armando Castillo ! Léna est aux anges...

1905

De retour au Palais Garnier, Henri, qui a réussi à échapper aux Collecteurs, est interpellé par une jeune femme. Elle se présente : Francie Parks, du Bureau Temporel.

– Vous avez enfreint pas moins de trois articles du Code du Voyage Temporel. Je vous passe des menottes temporelles. Henri Duquet, vous êtes en état d'arrestation.

Henri tente de plaider sa cause :

– C'est involontaire, je ne savais rien ! J'ai offert un pendentif à ma petite amie, et tout ce que je veux, c'est la retrouver...

De nos jours

C'est au tour des garçons d'entrer dans le studio. Mais Max parait surpris en découvrant le chorégraphe. Celui-ci lui fait plusieurs remarques désagréables, auxquelles

Max répond sèchement. On dirait que tous deux se connaissent déjà…

– Pourquoi es-tu en colère ? demande Léna à Max dès qu'ils sortent du studio pour la pause.

– Parce qu'ils ont choisi… mon père.

Le père de Max n'est donc pas mort !?

Réponds à cette question avant de le découvrir.
« C'est involontaire, je ne savais rien ! » Le préfixe *-in* du radical « volontaire » indique le contraire. Quel préfixe faut-il ajouter au radical « mobile » pour faire de même ?

a. im **b.** in **c.** non

Si tu as choisi a. → Lis le n° 9.
Si tu as choisi b. → Lis le n° 5.
Si tu as choisi c. → Lis le n° 11.

mémo 26

2

Faux, aide-toi du mémo.

→ Recommence l'exercice du n° 4.

3

Bravo ! Tu as choisi la bonne réponse.

→ Tu peux te rendre au n° 12.

4

De nos jours

Avant de rejoindre le studio, Léna continue à défendre Max auprès de ses camarades :

– Il n'aurait pas dû nous mentir et il doit régler des choses avec son père, mais il a besoin de notre soutien à tous ! Et c'est notre ami...

Armando Castillo fait justement son entrée. Il n'est pas seul :

– Aujourd'hui, je vais faire cours avec mon assistant, qui se trouve également être mon fils, annonce-t-il.

Surprise : il s'agit de Ruben ! C'est donc le frère de Max... et il connait l'existence du Blok. Les membres du groupe secret ont peur qu'il les dénonce à la directrice...

1905

À l'atelier, Victor et Oscar enseignent à Henri la façon dont s'utilise la montre magique. Il en aura besoin : désormais, les Collecteurs mais aussi Francie le recherchent...

De nos jours

Armando retrouve Max à la cafétéria.

– Je peux m'asseoir ? demande-t-il. J'aimerais déjeuner avec mon fils.

Max explose. Il reproche à son père d'avoir pris Ruben avec lui et de l'avoir envoyé lui, Max, en pension.

– Ruben est venu avec moi à New York parce que contrairement à toi, il n'a pas réussi à entrer à l'école Harrow de Londres. Ta mère était toujours en déplacement, elle ne pouvait pas s'occuper de lui... explique Armando. C'est moi qui ai convaincu ta mère

de te laisser venir à l'Opéra national de Paris. Écoute... Je suis ici pour apprendre à te connaitre.

Ruben les rejoint, mettant fin à la discussion. Max quitte la cafétéria.

Léna vient le retrouver. Elle a tout entendu. Il se confie à elle : ses parents ont adopté Ruben, un gamin des rues qui dansait génialement. Quand Ruben est venu voir Max à Harrow, il a déclenché une bagarre, et Max a voulu l'aider mais ça s'est mal terminé...

– Il y a des jours où c'est plus simple de faire comme si j'étais orphelin, conclut Max. Tu comprends ?

De son côté, Théa a découvert que Ruben était très populaire. Elle veut convaincre Dash, Inès et Jeff de quitter le Blok pour intégrer son *crew**...

* bande, équipe

Les amis vont-ils laisser tomber Max ?

Pour le savoir, entoure la bonne affirmation.

Pour communiquer rapidement de New York à Paris, on peut utiliser Internet. C'est un réseau fait d'infrastructures, composé de câbles sous-marins posés au fond des océans, ou fonctionnant par des ondes radio (wifi).

a. VRAI

b. FAUX

Si tu as entouré a. → Lis le n° 3.

Si tu as entouré b. → Lis le n° 2.

mémo 37

5

Faux, tu as fait une erreur. Tu ne peux pas mettre un *n* devant un *m*.

→ Retourne à l'exercice du n° 1.

6

De nos jours

Théa ne digère pas que Léna et Max se soient embrassés. Hélas, au studio, Armando demande aux élèves de travailler en duo, et Théa se retrouve associée à Léna. La guerre est déclarée...

Profitant d'une pause, Théa rédige un courrier pour Henri en imitant l'écriture de Léna...

1905

L'effet de la montre commence à se dissiper et les Collecteurs se réaniment peu à peu. Ils sont déterminés à retrouver Henri et à l'arrêter une bonne fois pour toutes. Celui-ci est en train de lire la lettre trouvée dans la cheminée : « J'ai un nouveau petit ami. C'est Max. On s'est embrassés... » Désespéré, Henri court à l'atelier annoncer à son père et à Oscar qu'il veut reconquérir Léna.

De nos jours

Dans la cheminée, la réponse d'Henri attend Léna : « Merci de m'avoir tout avoué pour Max. Et pour le baiser. J'ai la montre magique et à la seconde où le portail s'ouvrira, je viendrai te chercher. On est des âmes sœurs. » Qui a prévenu Henri ? Ça ne peut être que Théa. Léna veut se venger... mais ce n'est pas son seul problème.

Entre Max et Henri, qui Léna va-t-elle choisir ?

Pour continuer l'histoire, réponds à cette question.

Henri possède la montre magique. S'il propose à Léna de venir la chercher dans 390 secondes, viendra-t-il dans :

a. 6 minutes 30 secondes ?

b. 6 heures 30 minutes ?

c. 39 minutes ?

Si tu as trouvé a. → Lis le n° 15.

Si tu as trouvé b. → Lis le n° 13.

Si tu as trouvé c. → Lis le n° 14.

mémo 33

7

Tu t'es trompé(e). As-tu bien repéré la forme du verbe ? Pour t'aider, consulte le mémo.

→ Retourne à l'exercice du n° 12.

8

Tu t'es trompé(e), ce n'est pas le bon périmètre. Te souviens-tu de la formule du périmètre d'un rectangle ?

P = (2 × longueur) + (2 × largeur)

→ Recommence l'exercice du n° 9.

9

1905

Henri révèle à Francie que son père est coincé dans une boucle temporelle. Francie propose de libérer Victor en échange de la montre magique... Contre toute attente, Henri accepte.

De nos jours

Chez les danseurs et danseuses, c'est la consternation. Armando Castillo est le père de Max ? Tous deux sont sortis et s'expliquent dans la cour :

– Qu'est-ce que tu fais ici ? demande Max. Je t'ai déjà dit que je ne voulais pas vivre dans ton ombre !

– J'avais envie de prendre des nouvelles de mon fils...

– Depuis quand je t'intéresse ? claque Max avant de quitter la cour sans se retourner.

Léna le rattrape. Elle veut savoir pourquoi il a menti à propos de son père.

– Je te signale que toi aussi, tu as menti à tout le monde, *Elena Grandé*, lui fait remarquer Max. Et je ne t'ai pas fait passer d'interrogatoire, moi.

1905

Libéré grâce aux pouvoirs de Francie, Victor sort enfin de la boucle temporelle. Henri le retrouve dans son bureau. Secoué, Victor l'interroge sur cette mystérieuse Francie qui possède désormais la montre magique.

– Parce que tu crois vraiment qu'elle a la montre ? rigole Henri. Je lui en ai donné une fausse !

Pour le récompenser, Victor propose à Henri de lui apprendre à s'en servir...

De nos jours

Tout le monde en veut à Max d'avoir dit qu'il n'avait jamais pris de cours de danse alors qu'il est le fils d'un grand chorégraphe. Seule Léna défend Max... et son talent. Le reste de la bande décide de boycotter la prochaine répétition du Blok. Max est bel et bien mis à l'écart...

Laisseront-ils à Max une chance de s'expliquer ?

Tu ne tarderas pas à le savoir, après avoir répondu à cette question.

Armando Castillo et Max sont sortis dans la cour. Cette cour rectangulaire mesure 6 m de longueur et 4,75 m de largeur. Quel est son périmètre ?

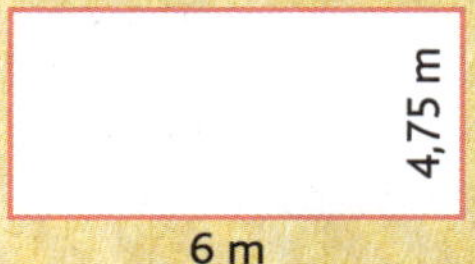

a. 10,75 m

(b) 21,5 m

Si tu as trouvé a. → Va au n° 8.
Si tu as trouvé b. → Va au n° 4.

mémo 32

10

C'est faux, l'auxiliaire *avoir* n'est pas conjugué à l'imparfait.

→ Recommence l'exercice du n° 12.

11

Tu t'es trompé(e), lis le mémo.

→ Recommence l'exercice du n° 1.

12

1905

Henri prête le serment des voyageurs du temps. Il promet de réparer les dégâts qu'il a causés. Puis il quitte l'atelier d'Oscar. Mais il est rattrapé par les Collecteurs.

Il utilise alors la montre... et fige les trois garçons dans le temps.

De nos jours

Pour lui faire réaliser qu'avoir une famille est une chance, Léna emmène Max dans un lieu où certains jeunes sont des danseurs amateurs et proposent à Max... une *battle* !

Jeff, Inès, Théa et Dash ont suivi leurs camarades jusqu'à la maison de jeunes. Ils décident de relever tous ensemble le défi de la *battle*. Le Blok est reformé !

Mais quelqu'un d'autre a trouvé le chemin du lieu : Ruben. Et il menace Max :

– Sache que si je laisse ton Blok continuer à danser, c'est juste pour pouvoir vous détruire moi-même...

Max regarde Ruben s'éloigner. Puis il s'excuse auprès de ses amis :

– Écoutez, j'ai fait un truc vraiment stupide. Je n'aurais pas dû vous mentir...

Il s'isole ensuite avec Léna.

– Alors, lui demande-t-elle, tu es content de ne plus avoir à faire semblant d'être quelqu'un d'autre ?

– Pour tout le reste, c'était moi...

– Tant mieux. Parce qu'il me plait beaucoup, ce garçon-là...

Max et Léna se rapprochent... et s'embrassent. Théa les voit faire...

Comment Théa va-t-elle réagir à ce baiser ?

Avant de le découvrir, relis la phrase en rose dans le paragraphe de la page 132.

Le verbe est conjugué :

a. à l'imparfait

b. au plus-que-parfait

c. au passé composé

Si tu as choisi a. → Va au n° 7.

Si tu as choisi b. → Va au n° 10.

Si tu as choisi c. → Va au n° 6.

mémo 23

13 

C'est faux, tu as fait une erreur de conversion, lis le mémo.

→ Retourne à l'exercice du n° 6.

14 

Tu t'es trompé(e), as-tu lu le mémo ?

→ Recommence l'exercice du n° 6.

15 

De nos jours

Léna fonce sur Théa :

– Comment tu as pu faire ça ? Écrire à Henri en te

faisant passer pour moi ! J'ai essayé d'être gentille avec toi, j'ai tout fait pour qu'on s'entende bien, mais c'est terminé, annonce-t-elle.

Et elle le prouve lorsque les duos se produisent devant le chorégraphe : elle ne fait rien pour aider sa partenaire. Résultat : Armando reproche à Théa son manque de concentration.

– Quant à toi, Léna... Nous avons devant nous une ballerine très prometteuse, déclare-t-il.

Léna monte prendre l'air sur le toit. Elle écrit à Henri que la précédente lettre n'était pas d'elle. Cette fois, elle trouve les mots pour lui parler de Max... et s'excuser. Elle est en pleine écriture lorsque Max apparait. Agacée d'être dérangée, Léna s'écrie :

– Va-t'en ! C'est mon endroit ici.

– Oui, je crois que c'est mieux... reconnait Max.

Et il s'en va.

Tout est-il déjà fini entre Léna et Max ?

Tu es pressé(e) de lire la suite... Mais avant, tu dois répondre à une petite question.

Selon Armando, qui sera une ballerine très prometteuse ? Relis bien le paragraphe et trouve de qui il s'agit : Théa ou Léna ?

Recopie ta réponse :

C'est ton TROISIÈME INDICE.

N'oublie pas de le noter sur ta page-indices, page 186.

Maintenant → lis la suite au chapitre 4.

Histoires de familles

1

De nos jours

Le Blok vient de recevoir un défi : poster une vidéo d'une chorégraphie d'ici la fin de la journée.

– Impossible ! fait remarquer Dash. On va au musée cet après-midi.

Personne n'a envie de déclarer forfait. Mais il faut déjà monter dans le bus : ils n'ont que quelques heures pour trouver une idée.

En arrivant au musée, Max décide d'écrire une lettre à Léna pour s'excuser de son comportement et l'inviter à sortir. Tandis que la visite commence, Léna a une idée : le Blok va danser au milieu des œuvres d'art, avec les masques blancs qu'elle a pensé à emporter.

La vidéo promet d'être originale et... artistique !

1905

En pleine rue, Henri est kidnappé par la princesse Alexandra, la mère de Léna, qui passe en calèche. Il est

bien obligé d'avouer qu'il a envoyé Léna dans le futur, et il évoque son père...

– Tu es donc le fils de Victor Duquet ? s'inquiète soudain la princesse.

Henri approuve. Pendant que la calèche prend la direction du Palais Garnier, la princesse s'empare du pendentif qu'Henri tient dans sa main. Les Collecteurs, postés sur le parvis, voient la calèche passer. Ils se souviennent de la lettre trouvée dans le bureau de Victor, dans laquelle il était écrit qu'« Alex » possédait un second pendentif avec l'autre moitié du cristal... Et si « Alex » n'était autre que la princesse Alexandra ?

De nos jours

Au musée, les chorégraphies s'enchainent. Léna entame la sienne mais s'interrompt, attirée par le portrait de deux princesses. Les élèves s'approchent. La ressemblance est évidente.

– C'est le moment le plus excitant de toute ma carrière ! déclare leur professeur. Être témoin de l'instant où une étudiante découvre un portrait de sa propre famille...

– C'est toi ?! demande Théa à Léna.

– C'est... mon arrière-arrière-grand-tante, répond Léna. On m'a appelée comme elle.

« Portrait de la princesse Alexandra de Russie et de sa fille la princesse Héléna Grisky. La jeune Héléna a disparu en 1905 et n'a jamais été retrouvée. Tableau donné par la famille Grisky. », lit-elle. Léna distingue un pendentif au cou de sa mère.

– Elle ne l'avait pas quand on a posé... affirme-t-elle à Inès.

La princesse Alexandra a-t-elle quelque chose à voir avec les voyages dans le temps ?

Avant de le savoir, un peu de sciences...

Le pendentif est en cristal. Le cristal est :

a. une matière organique

b. une matière minérale

Si tu as choisi a. → Lis le n° 7.

Si tu as choisi b. → Lis le n° 8.

mémo 38

2

Faux, ce ne sont pas des mots qui ont le même sens.

→ Recommence l'exercice du n° 6.

3

Ce n'est pas la bonne réponse. Sais-tu où se placent les dizièmes et les centièmes dans un nombre décimal ?

Aide-toi du mémo. → Refais l'exercice du n° 4.

4

De nos jours

Croyant avoir en face de lui la vraie Léna, Oscar parle ouvertement :

– Tu ne t'attendais pas à ce que ton médaillon soit un pendentif magique qui t'enverrait dans le futur, pas vrai ?

Théa joue la comédie à la perfection. Oscar lui donne une lettre de la princesse Alexandra.

– J'en étais sûre ! s'écrie Théa en la lisant. Tu es finie, Léna Grisky !

– Comment ça ? s'étonne Oscar. Qui êtes-vous ?

Mais Théa prend une photo de la lettre et s'enfuit en courant sans lui répondre...

Au même moment, à l'École, Armando veut faire répéter les solistes. Théa manque à l'appel.

– Pourquoi vous ne répéteriez pas avec Inès ? suggère Dash. Elle connait la chorégraphie par cœur.

– Bon... Montrez-moi ce que vous savez faire, Inès.

C'est l'occasion ou jamais pour Inès de prouver au chorégraphe qu'il s'est trompé !

Léna, qui a fini de répéter, ne tient plus. Elle se rend à l'atelier sans attendre Inès.

– Pardonnez-moi... Je m'appelle Léna Grisky et j'ai besoin de votre aide.

– Oh, non ! Je ne sais pas ce que toi et l'autre fille avez manigancé mais vous ne m'aurez pas, rétorque Oscar.

Léna n'est pas sûre de comprendre. De quelle autre fille parle-t-il ? Lorsqu'elle évoque Henri et les portails temporels, Oscar réalise qu'il s'agit de la véritable Léna...

– J'ai une lettre que tu devrais lire... dit-il.

Léna lit la lettre et quitte l'atelier en courant.

Appelée à l'aide par texto, Inès la rejoint dans un parc, devant une arche.

– Qu'y a-t-il ?

Léna lui raconte ce qui est écrit dans la lettre de sa mère : « Je ne t'ai jamais révélé mon secret car je pensais que tout était fini, mais si tu lis cette lettre, c'est qu'il s'est passé quelque chose. J'ai enterré mon pendentif à droite de l'arche. Il est à toi à présent. C'est ton destin, ma Léna adorée. »

Mais la terre a été creusée... et le pendentif n'est plus là.

Théa a récupéré le pendentif magique !
Que va-t-elle en faire ?

Pour le découvrir, entoure la bonne réponse.
Le chorégraphe a noté la performance d'Inès et de Léna. Inès a obtenu 14,75 points. Léna a eu 2 dixièmes et 3 centièmes de plus. **Quelle est sa note ?**

a. 14,98 **b.** 15,07

Si tu as entouré a. → Lis le n° 9.
Si tu as entouré b. → Lis le n° 3.

mémo 27

5

Tu t'es trompé(e), ce ne sont pas des mots de sens contraire. Lis le mémo.

→ Retourne à l'exercice du n° 6.

6

De nos jours

Inès propose à Léna d'utiliser un logiciel pour découvrir la signification des symboles gravés sur le pendentif que porte sa mère sur le tableau. Leurs recherches donnent une adresse : celle de l'atelier d'un certain Oscar.

Les filles projettent de s'y rendre. Mais elles doivent d'abord retourner au studio : le moment tant attendu de l'attribution des rôles pour le spectacle de fin d'année est enfin arrivé. Elles quittent leur chambre sans se douter que Théa y a caché un micro enregistreur...

Armando distribue les rôles : Théa et Dash obtiennent les solos, Léna et Max le duo, Jeff fait partie d'un trio. Inès, très déconcentrée ces derniers temps, dansera dans le corps de ballet. Quelle déception pour elle ! Les répétitions commencent par le duo. Théa en profite pour s'éclipser. Elle écoute l'enregistrement. Et si elle détenait la clé du mystère qui entoure Léna ? Elle décide d'aller à l'atelier sur-le-champ...

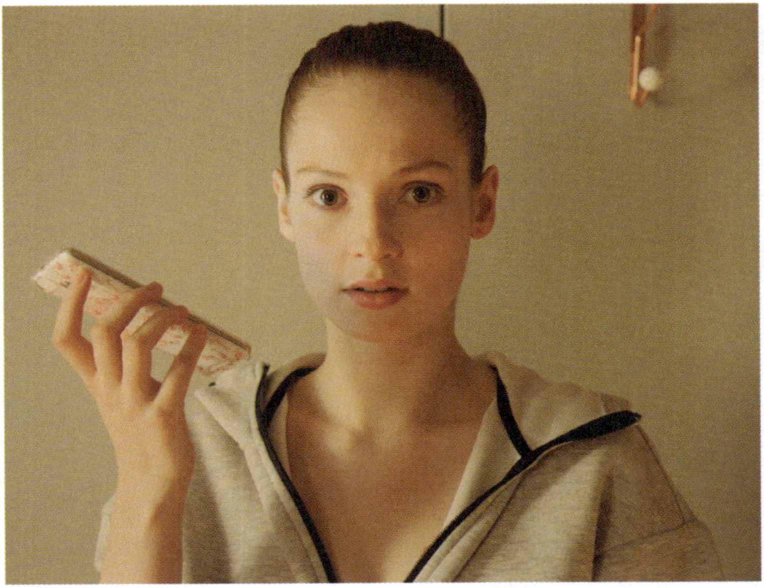

– Excusez-moi, commence-t-elle en entrant. Je cherche Oscar, est-ce que c'est vous ? Je suis Léna Grisky.

Oscar va-t-il se laisser avoir par Théa ?

Pour lire la suite, trouve la bonne réponse.

Retrouve le mot en rose dans le paragraphe précédent.

« Fin » et « faim » sont des :

a. homonymes

b. synonymes

c. antonymes

Si tu as choisi a. → Va au n° 4.

Si tu as choisi b. → Va au n° 2.

Si tu as choisi c. → Va au n° 5.

mémo 25

7

Tu t'es trompé(e), lis le mémo.

→ Retourne à l'exercice du n° 1.

8

1905

Dans le bureau de Victor, le ton monte. La princesse Alexandra et le père d'Henri semblent très bien se connaitre. Alexandra reproche à Victor de ne pas avoir protégé le pendentif... Victor préfère qu'ils n'en parlent pas devant Henri. Les deux adultes passent dans la pièce voisine. Resté seul, Henri aperçoit, dépassant du sac d'Alexandra, le pendentif qu'elle lui avait pris ! Il s'en empare et s'enfuit.

De nos jours

Les élèves rentrent à l'École. Léna ne cesse de penser au portrait :

– Si le descriptif disait que je n'ai pas été retrouvée, c'est que je ne rentrerai jamais ? s'inquiète-t-elle auprès d'Inès.

– Comme tu n'es pas encore rentrée, le descriptif dit que tu n'as pas été retrouvée, explique la jeune scientifique. Mais une fois que tu seras rentrée, tout sera modifié : les livres d'histoire, les blogs, les sites internet...

Léna décide de se fier à la rationalité d'Inès. En attendant, elle est convoquée par leur professeur.

– Je suis un vrai passionné d'histoire, déclare-t-il. J'ai obtenu des informations sur le portrait de votre famille. Le pendentif que la princesse Alexandra porte autour du cou a été peint seulement une fois le portrait terminé. Apparemment, c'était une demande de la princesse suite à la disparition soudaine de sa fille. Et une fois le pendentif ajouté, la famille Grisky a fait don du tableau au musée. C'est étrange...

Léna est plus perplexe que jamais...

La mère de Léna serait donc également une voyageuse du temps ?

En effet, on peut se le demander. Mais d'abord, réponds à la question.

Qu'a fait la famille Grisky du tableau ?

- Elle l'a donné au musée.
- Elle l'a vendu au musée.

Recopie ta réponse.

C'est ton QUATRIÈME INDICE.

N'oublie pas de le noter sur ta page-indices, page 186.

Maintenant → Rends-toi au n° 6.

9

Bravo ! → Rends-toi au chapitre 5 pour lire la suite.

5 Maintenant ou jamais

1

De nos jours

À l'École, Max reçoit un message : grâce à la vidéo tournée au musée, le Blok est qualifié pour la finale de l'Euro Challenge !

– C'est quand ? demande Léna, ravie.

– Demain soir, répond Max, après la dernière répétition avant le spectacle.

Max est confiant : ils pourront enchainer les deux.

1905

Dans le bureau de Victor, la princesse Alexandra propose un échange : de l'argent contre le pendentif qu'Henri lui a repris. Mais Victor ne l'a pas. Il lui propose de se rendre chez Oscar. C'est là que tout le monde se donne rendez-vous.

Par une lettre, Henri prévient Léna que sa mère veut la ramener en Russie. En guise de réponse, Léna lui donne les informations pour retrouver le pendentif dont Théa s'est emparé. « Dans deux jours, le portail s'ouvrira », écrit Henri. Deux jours... Cela veut dire qu'il s'ouvrira au moment du spectacle !

De nos jours

Sur le balcon du Palais Garnier, Théa s'amuse avec son nouveau jouet : le pendentif. Elle presse le bouton à plusieurs reprises, figeant, ralentissant ou remontant le temps... et laisse passer l'heure du début de la répétition.

À quelques mètres de là, Armando demande aux élèves de se concentrer exclusivement sur le spectacle pendant 48 heures.

– Où est Théa ? s'étonne-t-il. C'est inacceptable. Inès, le solo est pour vous.

Inès jubile. Théa finit par arriver. Elle enrage en découvrant qu'on lui a retiré le solo :

– Tout ça, c'est de ta faute, dit-elle à Léna.

Quelle nouvelle vengeance Théa va-t-elle imaginer ?

Pour le savoir, tu dois d'abord trouver la réponse à cette question.

La hauteur du rideau de scène mesure 1 750 cm.

Convertis en mètres 1 750 cm.

a . 175 m

b. 17,5 m

c. 1,75 m

Si tu as choisi a. → Lis le n° 6.

Si tu as choisi b. → Lis le n° 9.

Si tu as choisi c. → Lis le n° 8.

mémo 31

2

Bravo ! Ce sont bien les verbes : *retrouvera, oublierai, sera*.

→ Va au n° **7**.

3

Tu t'es trompé(e). Une minute est égale à 60 secondes.

→ Recommence ton calcul au n° **7**.

4

De nos jours

Après un an passé dans le futur, le jour où le portail va s'ouvrir est enfin là. Et c'est aussi le jour du spectacle de fin d'année ! Sur la scène du Palais Garnier, Léna va trouver Max pour s'excuser. Elle craint d'avoir tout gâché... Mais Max la réconforte :

– Ça en valait la peine, assure-t-il.

Armando les trouve ensemble. Il s'en prend à Max :

– Danser en dehors de l'École... Pourquoi risques-tu ainsi ton avenir ?

– C'est parce qu'il veut être comme vous, intervient Léna. Vous avez pris les mêmes risques durant toute votre carrière. C'est l'exemple qu'il a eu.

Armando n'a pas le temps d'ajouter quoi que ce soit : la directrice fait son entrée. Les autres élèves accourent, au garde-à-vous.

– Puis-je savoir pourquoi vous retenez tous votre respiration ? commence Mademoiselle Carré. Je suis fière de vous tous. Ce soir, vous allez danser devant une salle remplie. Soyez brillants ! Et surtout, amusez-vous !

Les danseurs respirent à nouveau. Armando n'a rien dit pour le Blok !

1905

Les Collecteurs sont partis dans le futur mais ils ont pris soin de cadenasser le portail. Henri est coincé en 1905 ! Francie propose de l'aider : elle sait comment faire sauter les chaines...

De nos jours

Dans les coulisses du Palais Garnier, Léna et Inès se réconcilient.

– Je ne peux pas partir en sachant que tu es fâchée ! déclare Léna. Pardonne-moi, Inès.

– Léna, tu sais... Avant toi, je n'ai jamais eu de meilleure amie.

Le lever de rideau est dans une heure ! Mais alors qu'elle part se changer, Léna tombe sur l'un des Collecteurs.

Elle réussit à s'en débarrasser tant bien que mal et revient près de la scène... juste à temps : le rideau va se lever. Au moment d'entrer sur scène, Léna repère un pendentif au cou de Théa...

Léna récupèrera-t-elle le pendentif avant de repartir dans le passé ?

Tu es impatient(e) de le découvrir. Alors barre ce qui est faux.

« Les danseurs respirent à nouveau. » L'air :

a. est gazeux et invisible

b. c'est du vide

c. est constitué de matière

Si tu as barré a. → Lis le n° 13.

Si tu as barré b. → Lis le n° 14.

Si tu as barré c. → Lis le n° 10.

mémo 39

5

Tu t'es trompé(e), lis le mémo.

→ Recommence l'exercice du n° 9.

6

Tu t'es trompé(e), utilise un tableau de conversion dans le mémo.

→ Recommence l'exercice du n° 1.

7

De nos jours

C'est ce soir qu'aura lieu l'Euro Challenge. « Si on bat Ruben et El Barrio, on sera des légendes vivantes ! » dit Max. Dans sa chambre, Léna prépare déjà ses bagages.

De son côté, Théa est convoquée par la directrice :

– Théa, vous avez tout pour devenir une étoile, commence Mademoiselle Carré. Mais vous arrivez en retard, vous manquez les répétitions... C'est pourquoi j'ai décidé de vous retirer du spectacle. Vous ne monterez pas sur scène.

– Mademoiselle, ne faites pas ça, je vous en prie ! supplie Théa.

Mais la décision de la directrice est définitive.

Au studio, Armando annonce que l'après-midi de libre est remplacé par une ultime répétition. Il veut que tout soit fin prêt pour le spectacle de demain.

– On y passera la nuit s'il le faut ! affirme-t-il.

Les danseurs sont désemparés. Sortiront-ils à temps pour se rendre sur le lieu du challenge ? Léna les sauve :

– Je ne maitrise pas encore bien ce passage, mais ce n'est pas juste pour les autres. Laissez-les partir, et je resterai ici pour travailler, propose-t-elle à Armando.

– Très bien, dit le chorégraphe. Au travail, mademoiselle Grisky. Les autres, je vous veux en pleine forme demain matin.

1905

Dans l'atelier d'Oscar, Francie parvient à atteindre la montre qu'elle porte au poignet. Elle relance le temps à sa vitesse normale et part à la recherche d'Henri.

De nos jours

Resté seul avec Léna, Armando réclame des explications : pourquoi n'arrivait-elle pas à bien danser pendant les répétitions ? Léna panique-t-elle à l'approche du spectacle ? Ou y aurait-il un problème avec Max ?

– Ça concerne Max, confirme Léna, mais ce n'est pas ce que vous croyez.

– On ne bougera pas d'ici tant que vous ne m'aurez pas dit la vérité.

– J'aimerais pouvoir vous montrer à quel point Max est doué…

Et Léna montre à Armando la vidéo du Blok dansant au musée.

Léna vient de trahir le secret du Blok !
Comment va réagir Armando ?

Tu es pressé(e) de le savoir ? Pour cela, résous ce petit problème.

« Elle relance le temps à sa vitesse normale. »

Si la vitesse de la lumière est de 300 000 km/s, combien de kilomètres sont parcourus par la lumière en une minute ?

a. 18 000 000 km

b. 5 000 km

c. 30 000 000 km

Si tu as trouvé a. → Lis le n° 11.

Si tu as trouvé b. → Lis le n° 3.

Si tu as trouvé c. → Lis le n° 12.

mémo 29

8

Faux. Aide-toi du mémo pour revoir les unités de longueur.

→ Retourne à l'exercice du n° 1.

9

1905

Henri s'est rendu dans le parc et il fouille sous l'arche indiquée par Léna, cherchant en vain le pendentif.

– Tu m'as donné une fausse montre magique ! dit soudain une voix.

C'est Francie, du Bureau Temporel. Elle l'a retrouvé ! Henri la convainc de l'accompagner chez Oscar. À l'atelier, ils retrouvent Victor et la princesse Alexandra, déterminée à aller chercher sa fille. Henri utilise sa montre et ralentit le temps. C'est lui qui retrouvera Léna, et lui seul. Il prend la fuite…

De nos jours

Les répétitions des élèves se poursuivent sur la scène du Palais Garnier. Armando réclame la perfection. À la pause, les danseurs répètent pour le challenge.

Après cette journée intense, ils dinent tous ensemble. Léna entame un petit discours :

– Je suis devenue une meilleure danseuse et une meilleure personne grâce à vous tous. Merci. Je ne vous oublierai jamais, déclare-t-elle. Et demain, le challenge sera notre dernière chance de remettre Ruben à sa place.

– Notre dernière chance avant que tu disparaisses pour toujours, c'est ça ? intervient Théa.

– Quoi ? s'étonne Jeff. Comment ça ?

Théa va-t-elle tout révéler ?

Tu le sauras si tu trouves le nombre de verbes conjugués au futur dans le paragraphe que tu viens de lire (pages 161 et 162).

a. 2 **b.** 3

Si tu as choisi a. → Va au n° 5.

Si tu as choisi b. → Va au n° 2.

mémo 24

10

Attention, ça n'est pas la bonne réponse. Aide-toi du mémo.

→ Refais l'exercice du n° 4.

11

De nos jours

Les membres du Blok sont arrivés sur le lieu du challenge. Le groupe El Barrio, mené par Ruben, vient de faire une performance remarquée. C'est maintenant au Blok d'entrer en piste, mais Léna n'est toujours pas là. Ses amis ignorent qu'Armando, après avoir vu la vidéo, a ordonné à Léna de le conduire sur place en menaçant

de prévenir Mademoiselle Carré. Léna s'est alors enfuie et Armando lui a couru après...

Les danseurs s'avancent, portant leurs masques blancs. Léna arrive in extremis, met son masque et les rejoint. Et c'est parti ! Le public adore. Armando, dans l'ombre, assiste au spectacle...

– Les juges ont tranché, annonce une voix au micro. Le grand gagnant de l'Euro Challenge est... le Blok !

Les membres du groupe laissent éclater leur joie.

– Tout ça, c'est grâce à toi, dit Max à Léna. Tu as changé ma vie, tu sais...

Mais Léna n'ose plus affronter le regard de Max. Elle quitte la salle... Inès la rattrape dans le couloir.

– Qu'est-ce qu'il y a, Léna ?

– C'est un vrai cauchemar. Non seulement je m'en vais mais en plus, vous risquez de vous faire renvoyer par ma faute.

– Comment ça ?

– J'essayais d'arranger les choses entre Max et son père... mais je suis allée trop loin. Je lui ai parlé du Blok, avoue Léna.

– Comment as-tu pu faire ça ? s'étouffe Inès. Tu te rends compte que tu mets en danger notre avenir ? Ce n'est pas parce que tu rentres chez toi que ça te donne le droit de détruire notre vie à tous.

Léna parviendra-t-elle à arranger la situation ?

Tu le sauras rapidement si tu trouves le dernier indice.
Relis bien le paragraphe et trouve la réponse.
Qui découvre l'activité secrète des danseurs de l'Opéra national de Paris ?
Recopie ta réponse :

....

C'est ton CINQUIÈME INDICE.
N'oublie pas de le noter sur ta page-indices, page 186.
Maintenant → Lis la suite au n° 4.

12 

C'est faux. Lis le mémo. → Refais l'exercice du n° 7.

13

Tu t'es trompé(e), aide-toi du mémo.

→ Recommence l'exercice du n° 4.

14

De nos jours

– C'est toi qui as volé le pendentif ! s'écrie Léna. Rends-le-moi tout de suite !

– Hors de question, la défie Théa.

Léna force Théa à le lui rendre et file sur scène, le pendentif autour du cou.

Pendant ce temps, Henri et Francie sont eux aussi arrivés au Palais Garnier. Francie se préoccupe des Collecteurs de Temps, qu'elle veut arrêter. Henri, depuis les coulisses, contemple Léna qui danse. Quelle beauté ! Il est subjugué. Le public également : à la fin du spectacle, tout le monde est debout et applaudit à tout rompre.

Léna et Max saluent puis se regardent... Irrésistiblement attirés, ils se penchent l'un vers l'autre pour s'embrasser. Henri ne peut supporter cette vision : il gèle le temps.

– Désolé, mon vieux... Léna est ma petite amie, murmure-t-il en prenant la place de Max sur scène.

Il fait repartir le temps juste pour Léna... et ils s'embrassent. Mais ce baiser déclenche des éclairs et des boules de feu en plein spectacle.

– Une fracture temporelle ! s'exclame Henri. Nos pendentifs sont trop puissants et ils sont trop près l'un de l'autre.

Léna enlève alors le sien et le lance vers les coulisses.

– J'espère que je fais le bon choix... dit-elle.

Ils s'enfuient tandis que la salle reprend vie. Derrière eux, la fracture commence à faiblir. Sur scène, Max ne comprend pas où a pu passer Léna. Théa, elle, en profite pour récupérer une fois de plus le pendentif resté au sol.

Pendant ce temps, Francie retrouve Frank et Pinky et leur passe des menottes temporelles ; elle va les ramener dans leur époque. Clive, de son côté, se dirige vers le portail et aperçoit Théa. Il se souvient de la consigne : « Capturer la fille et récupérer le pendentif. » Sans réaliser qu'il ne s'agit pas de Léna, il l'attrape... et Théa disparait avec lui par le portail.

Enfin, Léna et Henri rejoignent eux aussi le portail. Émue, Léna dit au revoir à Inès, Dash, Jeff et Max. Quand Henri ouvre le portail, un mur de briques apparait !

– On arrive trop tard... constate Henri.

Léna est désespérée :

– Qu'est-ce qu'on a fait ?

FIN

Bravo ! Puisque tu es allé(e) jusqu'au bout de cette aventure et de ses exercices, nous te proposons de nous envoyer, sur le site **www.lenigme.com**, la liste des indices que tu as reportés page 186 et tu pourras télécharger des surprises.

Mémo

1. Rendez-vous à l'Opéra

Pour t'aider à faire tes exercices

Français

Maths

Histoire Géo

Sciences

Grammaire

1 La phrase simple / La phrase complexe

- Une phrase simple contient un seul verbe conjugué.
  Théa ***prend*** *Léna pour une rivale.* (1 verbe)
- Une phrase complexe est constituée d'au moins deux propositions. Chaque proposition contient un verbe conjugué.
  Inès, qui ***a*** *tout de suite* ***pris*** *Léna sous son aile,* ***partagera*** *sa chambre.* (2 verbes)

2 Le pronom personnel

Un pronom est un mot qui remplace un nom ou un groupe nominal. Les pronoms permettent d'éviter les répétitions.

Léna *rêve d'être Danseuse Étoile. La directrice convoque Léna.*

Léna *rêve d'être Danseuse Étoile. La directrice la convoque.*

Attention de ne pas confondre le pronom « la » avec l'article défini « la » placé devant un nom : *la directrice.*

3 Les déterminants

- Les **déterminants démonstratifs** s'utilisent avec un nom pour montrer quelque chose ou quelqu'un.
  cette robe, ce tutu, ces chaussons
- Les **déterminants possessifs** indiquent à qui appartient la chose ou la personne dont on parle.
  son chignon, ta chorégraphie, mon justaucorps

Conjugaison

4 Le passé simple

Le passé simple est un temps de l'indicatif. Il exprime des actions brèves du passé.

Le verbe *aller* est un verbe irrégulier (3e groupe). Il se conjugue comme les verbes du 1er groupe.

j'allai – tu allas – il, elle, on alla – nous allâmes – vous allâtes – ils, elles allèrent

5 Le plus-que-parfait

Le plus-que-parfait est un temps composé de l'indicatif. Il est construit avec l'auxiliaire *avoir* ou *être* à l'imparfait et le participe passé du verbe.

Max avait montré la chorégraphie de hip-hop à des professionnels.
↓
auxiliaire *avoir* à l'imparfait + participe passé

Théa était partie à sa répétition.
↓
auxiliaire *être* à l'imparfait + participe passé

Orthographe

6 L'accord au pluriel des adjectifs

La façon la plus fréquente de marquer le pluriel des adjectifs de couleur est d'ajouter un « s » : *des chapeaux noirs*
Mais il existe des exceptions :
– si deux adjectifs se suivent : *des manteaux vert foncé*
– si l'adjectif de couleur est le nom d'une chose : *des pantalons marron, des chemises orange*...
Dans ces cas-là, l'adjectif est invariable.

Vocabulaire

7 La polysémie

- Un mot peut avoir plusieurs sens.
  *une **pièce** de monnaie, une **pièce** d'identité, une **pièce** de théâtre*

Le contexte permet de connaitre le sens d'un mot :
*Léna a payé avec ses **pièces**.*
*La représentation de la **pièce** a beaucoup plu à Léna.*

- Certains mots ont un **sens propre** et un **sens figuré**.

Le sens **propre** est le sens habituel du mot. Le sens **figuré** est un sens imagé.
Avant de payer, pèse tes fruits. (sens propre)
Avant de parler, pèse tes mots ! (sens figuré)

8 Les mots de la même famille

Dans une famille de mots, les mots sont tous construits à partir d'un même mot de base et ont un sens commun. Ce mot contient la partie commune appelée le **radical**.
Mentir, menteur, menteuse, démentir...

Nombres et calculs

9 Encadrer des nombres

- Pour encadrer un nombre **par les milliers les plus proches**, il faut chercher le nombre terminé par 000 immédiatement inférieur et le nombre terminé par 000 immédiatement supérieur.
1 234 **857 000** < 1 234 **857 013** < 1 234 **858 000**

- Pour encadrer un nombre **par les millions les plus proches**, il faut chercher le nombre terminé par 000 000 immédiatement inférieur et le nombre terminé par 000 000 immédiatement supérieur.
1 234 **000 000** < 1 234 **857 013** < 1 235 **000 000**

- Pour encadrer un nombre **par les milliards les plus proches**, il faut chercher le nombre terminé par 000 000 000 immédiatement inférieur et le nombre terminé par 000 000 000 immédiatement supérieur.
1 **000 000 000** < 1 **234 857 013** < **2 000 000 000**

10 Ranger des nombres décimaux

Pour ranger des nombres décimaux, il faut comparer d'abord les parties entières et, si elles sont égales, comparer les dixièmes, puis les centièmes, et ainsi de suite.

16,31 > 14,85 car 16 > 14

16,35 > 16,31 car 0,05 > 0,01 ou 5 centièmes > 1 centième

11 Calcul mental : diviser par 3

- Diviser un nombre par 3, c'est chercher **combien de fois 3** il y a dans ce nombre.

21, c'est 3 × 7.

Il y a 7 fois 3 dans 21.

Pour savoir si un entier est divisible par 3, on fait **la somme de ses chiffres.** Elle doit être elle-même divisible par 3.

2 022 2 + 0 + 2 + 2 = 6

6 est divisible par 3 donc 2 022 est divisible par 3.

Géométrie

12 Les solides

Un solide est un objet (ou une figure géométrique) en 3 dimensions. Il occupe un volume dans l'espace.

- Un solide dit « droit » est défini par deux bases parallèles, de même forme et de mêmes mesures.

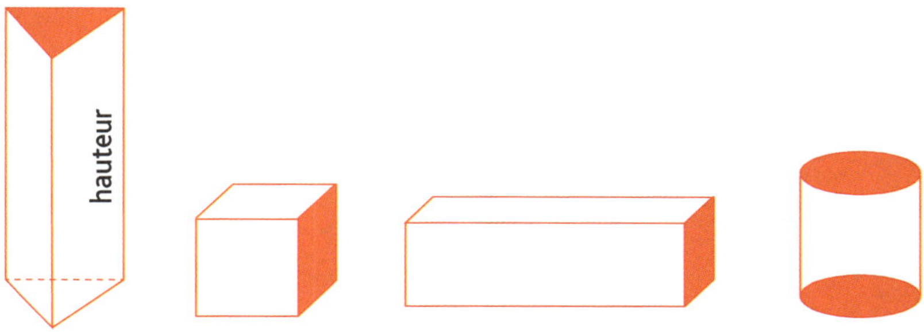

Le prisme droit — Le cube — Le pavé droit — Le cylindre

Mesures

13 Les unités de longueur

L'unité principale de mesure des longueurs est le **mètre** (m). Les autres unités s'expriment à partir du mètre.

Les mesures de longueur						
km	hm	dam	m	dm	cm	mm
1	7	4	5			

1 745 m = 1, 745 km = 174,5 dam

14 Calcul de durées

Connaissant **l'instant initial** (le début) et une **durée**, on peut trouver **l'instant final** (la fin). Pour cela, on procède par additions successives.

Léna est partie à 18 h 35. Elle effectue un trajet de 25 min de bus puis de 10 min à pied. À quelle heure arrive-t-elle au Palais Garnier ?

18 h 35 → (25 min) → 19 h → (10 min) → 19 h 10

Elle arrive à 19 h 10.

15 L'aire du rectangle

Aire du rectangle : Longueur × largeur

$$A = L \times l$$

Un rectangle mesure 6 cm de longueur et 2 cm de largeur :
$A = 6 \times 2 = 12\ cm^2$
Le rectangle a une aire de 12 cm^2.

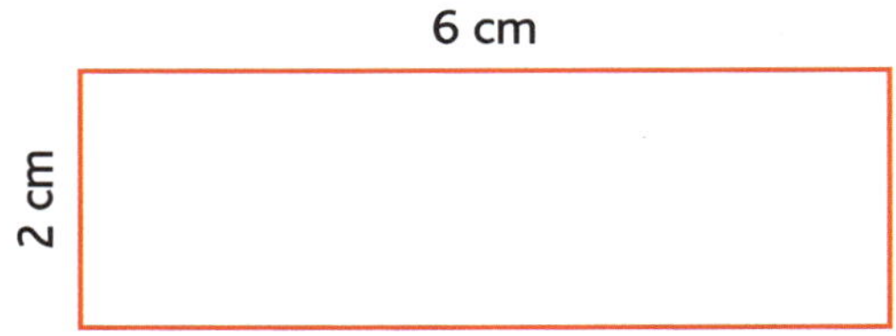

Histoire

16 Le temps de la République

En France, de nombreux régimes politiques se sont succédé.

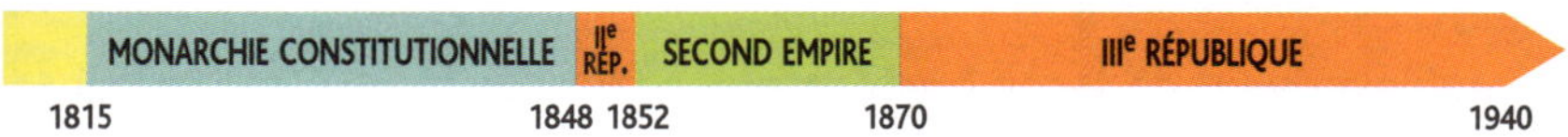

Une République est un régime politique sans roi (monarchie) ni empereur (empire), dans lequel le pouvoir est détenu par des représentants du peuple.

Géographie

17 Se déplacer sur de grands trajets dans le monde

Dans la vie quotidienne, les hommes se déplacent loin de chez eux pour différentes raisons : le travail, le tourisme, les études....
Pour se déplacer sur de grandes distances, ils utilisent des moyens de transports variés tels que la voiture, le train, l'avion.
Pour sa rapidité sur de longues distances, le moyen de transport le plus utilisé est l'avion.

18 Communiquer d'un bout à l'autre du monde grâce à Internet

Internet est un immense réseau qui connecte entre eux des ordinateurs du monde entier. Il permet d'échanger presque instantanément des informations. Celles-ci circulent entre les continents grâce à des câbles installés au fond des océans mais aussi grâce à des **satellites**.

19 La Terre

La Terre tourne autour du Soleil selon un axe incliné. Les saisons ne sont pas les mêmes au même moment sur la Terre.
Lorsque les rayons du Soleil arrivent de façon **verticale**, il fait plus chaud.
Lorsqu'ils arrivent de façon **horizontale**, il fait plus froid. C'est ce qui explique le **cycle des saisons**.

20 La classification des animaux

Les animaux sont classés en différents groupes. Parmi eux, il y a les **vertébrés** : ils ont un squelette interne et un crâne.
Il y a aussi les **arthropodes** qui ont un squelette extérieur et des pattes articulées.
Chez les arthropodes, on trouve les **insectes** (6 pattes et 2 antennes), les **myriapodes** (nombreuses paires de pattes), les **crustacés** (4 antennes) et les **arachnides** (8 pattes).

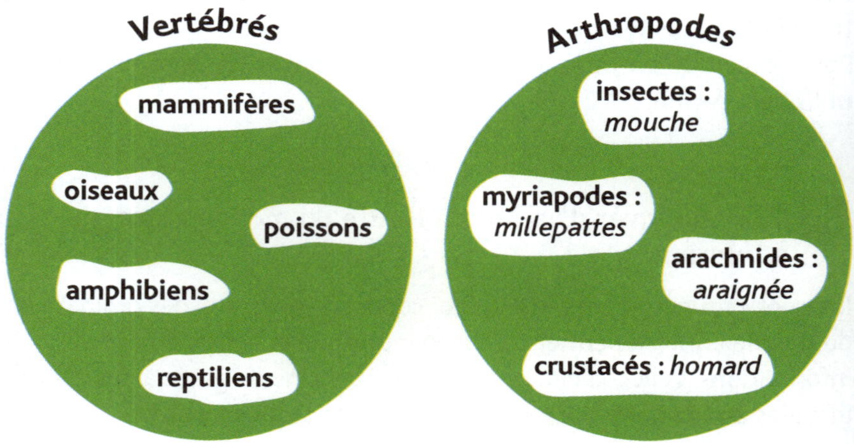

Mémo

2. Le cœur entre deux époques

Pour t'aider à faire tes exercices

Français Maths Histoire Géo Sciences

Grammaire

21 Les mots invariables

Les mots invariables sont des mots qui s'écrivent toujours de la même manière. Ils ne s'accordent ni en genre ni en nombre. Il en existe plusieurs sortes :
– les prépositions (*à, par, pour, avec…*),
– les conjonctions de coordination (*mais, ou, et, donc, or, ni, car*),
– les adverbes (*demain, beaucoup, entièrement, gentiment…*).

22 Les compléments circonstanciels

• Le complément circonstanciel apporte des informations sur ce qui se passe. Il peut être supprimé ou déplacé dans la phrase. Celle-ci garde son sens.

• Il peut répondre à la question :

Où ? → *Léna danse sur le toit du Palais Garnier.* (*sur le toit* : CC de lieu)

Quand ? → *Léna et Max ont rendez-vous cet après-midi.* (*cet après-midi* : CC de temps)

Pour quelle raison ? → *Henri agit par amour.* (*par amour* : CC de cause)

Conjugaison

23 Les temps du passé

Les temps du passé distinguent différents moments du passé.
• **L'imparfait** est un temps de l'indicatif utilisé pour décrire des situations dans le passé. Il exprime aussi des actions habituelles ou répétées.

Quand Léna était enfant, elle aimait déjà danser.

À l'exception du verbe *être*, pour conjuguer un verbe à l'imparfait, on le conjugue à la 1re personne du pluriel au présent, pour trouver son radical : *nous **dansons*** → radical ***dans-***.
On ajoute les terminaisons à ce radical :
je dansais, tu dansais, elle dansait,
nous dansions, vous dansiez, ils dansaient.

- **Le passé composé** est un temps composé de l'indicatif. Il exprime une action terminée. Il est formé de l'auxiliaire *avoir* ou *être* au présent et du participe passé du verbe.

Léna a répété sa chorégraphie toute la nuit.
auxiliaire *avoir* + participe passé

Théa et Léna se sont réconciliées pour la représentation du ballet.
auxiliaire *être* + participe passé

- **Le plus-que-parfait** est un temps composé de l'indicatif, il exprime l'antériorité d'une action par rapport à une action passée. Il est construit avec l'auxiliaire *avoir* ou *être* à l'imparfait et le participe passé du verbe.

Théa avait raconté des mensonges à Max et Léna.

24 Le futur

Le futur est un temps de l'indicatif qui exprime une action qui n'a pas encore eu lieu.
Il est construit à partir du radical du verbe + les terminaisons : ***ai***, ***as***, ***a***, ***ons***, ***ez***, ***ont***.

je prendr + ai – tu dir + as – elle viendr + a – nous verr + ons – vous pourr + ez – ils voudr + ont

Vocabulaire

25 Les synonymes, antonymes et homonymes

- **Les synonymes** sont des mots qui signifient la même chose ou ont un sens proche. Ils ont la même classe grammaticale.

nom → *l'affection / la tendresse*
verbe → *manger / déjeuner*
adjectif → *sérieux / raisonnable*

- **Les antonymes** sont des mots de même nature grammaticale ayant un sens contraire.

nom → *la beauté / la laideur*
verbe → *monter / descendre*
adjectif → *haut / bas*

• **Les homonymes** sont des mots qui se prononcent de la même façon mais qui ne s'écrivent pas toujours de la même manière. Ils n'ont pas le même sens.

le vin (la boisson) / vingt (le nombre)

le sang (liquide de notre corps) / cent (le nombre)

Parfois ils s'écrivent de la même manière, et c'est le contexte qui permet de savoir de quoi l'on parle.

Léna et Inès mangent une glace à la fraise (dessert glacé).

Théa vérifie son chignon dans la glace (miroir).

26 Les préfixes

Un préfixe est un groupe de lettres que l'on place **avant le radical** d'un mot. Il en modifie le sens.

Certains préfixes indiquent :

– le **contraire** (*il-, im-, in-, mal-...*) : *logique/illogique ; mobile/immobile ; intéressant/inintéressant ; heureux/malheureux* ;

– la **répétition** (*re-, ré-*) : *commencer/recommencer ; inscrire/réinscrire.*

Nombres / Calculs

27 La valeur des chiffres d'un nombre décimal

- Un nombre décimal a une partie entière et une partie décimale.
On peut écrire ce nombre dans un tableau de numération.

Partie entière					Partie décimale		
milliers	centaines	dizaines	unités		dixièmes	centièmes	millièmes
1	2	3	7	,	0	1	5

1 237 est la partie entière. « 3 » est son chiffre des dizaines.
015 est la partie décimale. « 5 » est son chiffre des millièmes.

- Pour ajouter 2 dixièmes et 3 centièmes à 15,31, on peut calculer mentalement : 15,31 + 0,2 = 15,51 ; 15,51 + 0,03 = 15,54
Pour poser une addition de nombres décimaux, il faut placer les unités sous les unités et les virgules sous les virgules.

$$\begin{array}{r} 15,31 \\ +\ \ 0,23 \\ \hline 15,54 \end{array}$$

28 Les fractions

numérateur → 1 ← indique le nombre de parts que l'on prend
dénominateur → 2 ← indique le nombre total de parts

Une fraction peut s'écrire de différentes façons :

$$\frac{1}{2} = \frac{2}{4} = \frac{5}{10} = \frac{50}{100} = \frac{500}{1\,000}$$

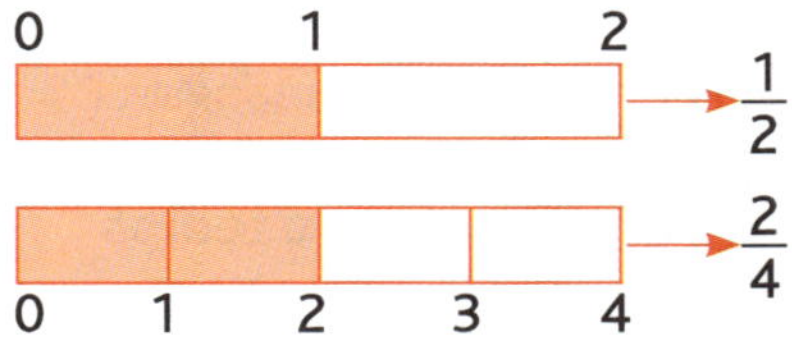

29 La proportionnalité

Dans une situation de proportionnalité, on peut mettre en relation les données dans un tableau qui facilite les calculs.

Une voiture roule à 70 km/h. Quelle distance parcourt-elle en 6 heures ?

Distance en km	70	140	210	280	350	420
Temps en h	1	2	3	4	5	6

On multiplie la distance parcourue en 1 heure (70 km) par le nombre d'heures (6). $70 \times 6 = 420$
En 6 heures, elle parcourt 420 km.
Attention, pour effectuer les calculs, il faut que les unités correspondent.

Géométrie

30 Les triangles

Le triangle est une figure plane qui possède 3 côtés, 3 angles et 3 sommets.

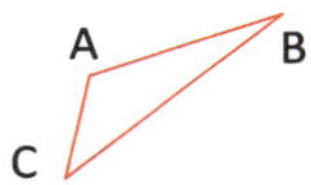

triangle quelconque

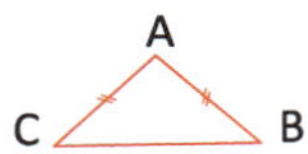

triangle isocèle

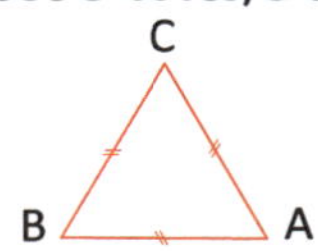

triangle équilatéral

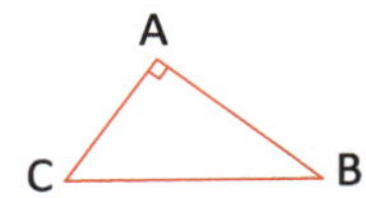

triangle rectangle

Mesures

31 Les unités de longueur

L'unité principale de mesure des longueurs est le **mètre** (m).
Les autres unités s'expriment à partir du mètre.

km	hm	dm	m	dm	cm	mm
		5	3	6	4	

5 364 cm = 53,64 m = 536,4 dm

32 Le périmètre

- Le périmètre d'un polygone est la longueur du tour de ce polygone. On le calcule en additionnant les longueurs des côtés.
- Périmètre d'un rectangle : P = (L × 2) + (l × 2)

33 Les unités de temps

- Pour mesurer des durées, on utilise différentes unités.

1 h = 60 min   1 min = 60 s   1 h = 3 600 s

- Pour passer des heures aux minutes, on multiplie par 60.

Pour passer des secondes aux minutes, on divise par 60.

34 Les durées

- Connaissant l'instant initial (le début) et une durée, on peut trouver l'instant final (la fin). Pour cela, on procède par additions successives.

Une danseuse de l'Opéra de Londres souhaite rendre visite à Dash. Elle part à 18 h 45, le vol dure 0 h 54 min. À quelle heure arrivera-t-elle à Paris sachant que Londres est en retard de 1 heure sur Paris ?

18 h 45 → (+ 15 min) 19 h 00 → (+ 39 min) 19 h 39 → (+ 1 h) 20 h 39 *Elle arrive à 20 h 39 à Paris.*

35 L'âge industriel en France

Au XIXe siècle, la France entre dans l'âge industriel. Les villes se transforment. De nouveaux quartiers sont construits. Des grandes rues sont aménagées. La métallurgie se développe. De nombreux édifices utiles comme les ponts sont construits en métal.
Dès que les techniques ont été maitrisées, les ingénieurs ont construit des monuments comme la tour Eiffel pour l'exposition universelle de Paris en 1889.

36 La construction européenne

- Après la Seconde Guerre mondiale, la construction européenne débute pour éviter une nouvelle guerre en Europe. Les premiers pays à se réconcilier sont la France et l'Allemagne.
- En 1957, le regroupement des pays était appelé la Communauté Économique Européenne (CEE) composée de 6 pays fondateurs : l'Allemagne, la Belgique, la France, l'Italie, le Luxembourg et les Pays-Bas. Puis en 1992, elle est devenue l'Union européenne (UE). Elle est passée de 6 pays au début à 28 pays depuis 2013.

En 2016, le Royaume-Uni a voté sa sortie de l'UE.
Le drapeau européen représente l'union et la solidarité entre les peuples d'Europe.

37 Communiquer grâce à Internet

Internet est un immense réseau qui connecte entre eux des ordinateurs du monde entier. Il permet d'échanger presque instantanément des informations. Celles-ci circulent entre les continents grâce à des câbles installés au fond des océans mais aussi grâce à des ondes relayées par des antennes ou des satellites.

38 La diversité des matières

- La matière est :

– soit non vivante comme les roches, l'eau et les métaux. C'est la matière **minérale** ;

– soit vivante comme les végétaux et les animaux. C'est la matière **organique**.

Les matières issues des êtres vivants sont organiques, comme le bois, la laine, le coton.

- Les matières qui existent telles quelles dans la nature comme le sable ou l'eau sont appelées des **matières naturelles**.

Les matières qui n'existent pas dans la nature et qui sont fabriquées par l'homme comme le plastique, l'acier, le papier, le verre, le carton sont appelées des **matières fabriquées**.

39 Les états de la matière : l'air

Il existe trois états de la matière : **liquide**, **solide** et **gazeux**.
L'air est de la matière. C'est un mélange de gaz. Il est incolore et inodore. Il permet l'existence de la vie. Il n'a pas de forme propre, il occupe l'espace disponible. Il peut changer d'état et devenir liquide selon les températures.

Page-indices

1. Rendez-vous à l'Opéra

du CM2 à la 6^e

Note ci-dessous les indices que tu as trouvés au cours de ta lecture.

Va vite te connecter sur le site

www.lenigme.com

pour nous envoyer tes indices, et tu pourras télécharger plein de cadeaux !

INDICE 1 Henri, son père et les Collecteurs de Temps

INDICE 2 Étienne

INDICE 3 Dash et Ines

INDICE 4 Henri

INDICE 5 ....

Bravo ! *Tu as trouvé tous les indices !*

Page-indices

2. Le cœur entre deux époques

du CM2 à la 6e

Note ci-dessous les indices que tu as trouvés au cours de ta lecture.

Va vite te connecter sur le site

www.lenigme.com

pour nous envoyer tes indices, et tu pourras télécharger plein de cadeaux !

INDICE 1 ....

INDICE 2 ....

INDICE 3 ....

INDICE 4 ....

INDICE 5 ....

Bravo ! Tu as trouvé tous les indices !

Table des matières

1. Rendez-vous à l'Opéra

Chapitre 4 Rendez-vous à l'Opéra

Chapitre 5 La dernière chance

Table des matières

2. Le cœur entre deux époques

L'ÉNIGME DES VACANCES

Choisis ton univers !

Historique — FANTASTIQUE — Policier — Aventure — FRISSON — Princesse

du CP au CE1

- Le voleur invisible
- Sophia, princesse de la mer 🎧
- Le mystère de la source 🎧
- Disparition au pays des poneys 🎧
- Panique chez les pandas

du CE1 au CE2

- La peur au bout de la laisse
- Mystère au cirque Alzared
- Attention ! Dauphins en danger
- Pas si désert que ça !
- Menace sur Madagascar
- Pirates en péril ! 🎧

du CE2 au CM1

- Le labyrinthe des dragons
- Les fantômes de Glamorgan
- La plage du Prince Blanc
- Le phare de la peur
- Montagne explosive !
- Menaces sur la finale de foot
- Planète dinosaures

du CM1 au CM2

- Le voleur de papyrus
- Le secret de la jungle
- Le sortilège des loups-garous
- Parfum de vacances
- La carrière interdite
- Mystère dans le bush australien
- Drôles d'époques ! 7 HISTOIRES

du CM2 à la 6e

- Le trésor des Templiers
- Panique à la Pop Academy
- La forêt de l'épouvante
- À la recherche de la cité perdue
- Eaux troubles à Venise
- Drôles de familles ! 7 HISTOIRES
- À bord du bateau pirate ESCAPE GAME
- Léna Rêve d'étoile Saison 1

de la 6e à la 5e

- Le secret du Titanic
- Drôle de trafic
- Complot chez les cordons-bleus
- The Refuge in Danger 🎧 (en anglais)
- Au sommet de la tour Eiffel ESCAPE GAME

de la 5e à la 4e

- Operation Blue Lagoon 🎧 (en anglais)
- Chute mortelle au Mont-Saint-Michel
- The Captain is Missing! 🎧 (en anglais)
- Le souffle de l'ange
- Dans le château de Krennamzer ESCAPE GAME

de la 4e à la 3e

- Murder in West Park 🎧 (en anglais)
- The Mark of the Vampire 🎧 (en anglais)
- The Wizards' Night 🎧 (en anglais)

🎧 Histoire à podcaster sur le site www.lenigme.com

Retrouve-nous sur le site : www.lenigme.com

N° d'éditeur 10260521 – mars 2020
Imprimé en Italie par Bona